Der Garten im Winter

Claus Schulz

Fotos von Jürgen Becker

Der Garten im Winter

Eine Spurenlese in faszinierender Vielfalt

Deutsche Verlags-Anstalt

Inhalt

Einleitung

Wie viele unterschiedliche Assoziationen verbinden sich mit dem Winter?

Schnee, Raureif, schutzvoll gemütliche Stunden am Kamin, möglichst auch noch in kulinarischer Umrahmung, Urlaub im Schnee, Weihnacht oder Sonnenwende, Karneval, Fastnacht oder Fasching, kurze Tage und lange, dunkle Nächte, schlechte Stimmung und frostgrämige Gesichter oder bei all denjenigen, die dieser Jahreszeit überhaupt nichts abgewinnen können, sogar die unerfüllbare Zuflucht zu der Vorstellung von Winterschlaf, um sich alldem zu entziehen.

Gärten kommen darin viel zu selten vor. Allenfalls im Rückblick auf das vergangene Gartenjahr oder im Vorausblick darauf, was man von dem kommenden erwartet. Gedankenverbindungen mit dem Gartenjahr, das zurückliegt, können den Gärtner zwar in gleicher Weise erwärmen wie ein offener Kamin oder ein Lagerfeuer. Das gilt natürlich genauso für Gedanken der Vorfreude auf den nächsten Frühling oder Sommer. Erinnerungen und Ausblicke dieser Art zählen zweifellos zu den schönsten Momenten im Leben der Gärtner, und dafür ist der Winter wie keine andere Jahreszeit geeignet.

Aber was ist mit den Gärten, die während der kalten Jahreszeit, je nach dem Geschmack oder Fleiß der Gärtner, aufgeräumt oder sich selbst überlassen von den anderen Jahreszeiten zurückgelassen wurden? Sind sie nur dazu da, das im Herbst gegebenenfalls Versäumte nachzuholen, das Frühjahr vorzubereiten oder in Wirklichkeit auch nur der inneren Unruhe der Gärtner ein Ventil zu geben? Da ist es nicht verwunderlich, dass im Winter von der Ausstrahlung der Gärten grundsätzlich meist nur wahrgenommen wird, was die Jahreszeit mit den urtypischen Mitteln von Schnee, Raureif und Eis in unvergleichlicher Gestaltung daraus zaubert.

Folgerichtig, steht der Garten im Winter allgemein nicht im Mittelpunkt des Interesses. Eher wird der Winter gärtnerisch mehr oder weniger als verlorene Jahreszeit wahr-

Rechts Schnee. Schneeschleier. Eine Verhüllung, die nicht verdeckt, sondern den Augen unvergleichliche Einsichten eröffnet.

genommen. Das ist sehr schade. Es gibt nämlich vielfache Möglichkeiten, seinem Garten im Winter eine eigenständige Bedeutung zu geben.

Den Garten für den Winter zu gestalten, darf natürlich nicht heißen, künstlich gegen die klimatischen Gesetzmäßigkeiten zu arbeiten, dagegen Schutzwälle aufzurichten und sich täglich um die Pflanzen zu sorgen. Dem Winter im Garten ein eigenes Gesicht zu geben, bedeutet also nicht, sich gegen die Natur zu stellen. Das wäre wie zu all den anderen Jahreszeiten letztlich nur ein untauglicher gärtnerischer Versuch, der viel Arbeit und wenig nachhaltige Freude mit sich brächte. Andererseits ist es keineswegs so, dass der Winter allen Pflanzen eine schöpferische Pause vorschreibt, während der sie sich nur in milderen Wetterphasen für das erneute Wachstum wieder aufzubauen haben. Es gibt neben den bekannten auch eine größere Zahl weitgehend unbekannter, sozusagen wintereigener Pflanzen, die ihren vegetativen Höhepunkt während dieser Jahreszeit erreichen.

Sie bieten sich dafür an, im Winter im Gleichklang mit der Natur zu gestalten und dem Garten dadurch eine besondere Note zu geben. In dieser Rolle ist er in vielem mit keinem anderen Jahreszeitengarten vergleichbar. Wenn der Winter mit seinen eigenen unübertrefflichen Gestaltungsmitteln wirkt und ihm außerdem auch noch der Gärtner mit vielen zuträglichen und attraktiven Pflanzen zur Hand geht, dann ist diese Jahreszeit, die sich immerhin über mehrere Monate erstreckt, für einen durchgängigen Gartengenuss nicht mehr verloren.

Mit dem Winter zusammen zu gestalten, ist eine Herausforderung, der sich auch dieses Buch stellt. Wer dem Winter mit ein paar pflanzlichen Glanzlichtern zur Hand geht, tritt ihm in seinem Herrschaftsanspruch nicht zu nahe. Auch nicht den Pflanzen, wenn es denn die richtigen sind, welche durch die kalte Jahreszeit nicht irritiert sind. In diesem Fall hätte das unersättliche Gärtnerherz wieder einmal viel hinzugewonnen.

Rechte Seite oben und unten Wer kann schon auf die Zaubernuss *(Hamamelis)* in seinem Garten verzichten? Die Züchter tun ein Übriges, um den Anreiz immer weiter zu erhöhen.
Unten Gräser und grasähnliche Formen gehören für den Winter zu den wichtigsten Elementen seiner Gestaltung.

Der Winter im Garten

Ein Klima ohne Winter? Unsere Gartenwelt würde reicher, weil wir zahlreiche neue Pflanzen ansiedeln könnten. Zugleich würde sie aber auch ärmer. Aus vielen Gründen, denen dieses Buch nachzugehen versucht. Die Botanik müsste umgeschrieben werden. Die Gärtner sind beunruhigt. Der Wandel stellt einen großen Teil ihrer Erfahrungen infrage.

Definition Winter

Abgesehen davon, dass sich für uns damit die verschiedensten Gedanken und Gefühle verknüpfen, gibt es einige allgemein verwendete Bezüge. Sie bilden die Grundlage für eine zeitliche Orientierung.

So spricht man einmal von dem Winterhalbjahr der nördlichen Halbkugel der Erde. Darunter werden die Monate Oktober bis März zusammengefasst. Das Winterhalbjahr der südlichen Halbkugel reicht von April bis September.

Astronomisch dauert der Winter auf der Nordhemisphäre vom 22. Dezember bis zum 21. März. Ab Beginn dieser Winterzeit werden die Tage wieder länger und die Nächte wieder kürzer. In der Nacht zum 21. März ist dann der Zeitpunkt erreicht, in dem Tag und Nacht wieder gleich lang sind.

Auch die Meteorologen haben eine eigene Definition vom Winter. Für sie beginnt der Nordwinter jeweils am 1. Dezember. Sie rechnen in vollen Monaten. Ihr Winter umfasst die Monate Dezember, Januar und Februar.

Seite 10/11 Schneeapplaus für die formale und die freie Gestaltung.
Rechts Drei Jahreszeiten in einem Blick. Ein lebensvoller Rückblick, der verträumte Anblick und der erwartungsvolle Ausblick.
Unten Scheinastern *(Vernonia)*, preisgekrönt vom Winter.

Oben Selbst den ohnehin schon bemerkenswerten Charme der Eichenlaubhortensie *(Hydrangea quercifolia 'Snowflake')* vermag der Winter mit seinen Mitteln noch zu steigern.
Rechts Der Gilbweiderich *(Lysimachia ephemerum)* und die Nandine *(Nandina domestica)* verstehen sich prächtig im Raureif.

Nur konnte man sich hieran auch in der Vergangenheit niemals verlässlich orientieren. Der Winter kam und ging in zum Teil beachtlichen Abweichungen schon immer, wann er wollte. Entsprechend ist phänologisch aus dem Obigen kaum ein Schluss zu ziehen. Hinzu kommt, dass die Winter in der Schweiz, Österreich, Bayern oder einigen östlichen Bundesländern mit den jahreszeitlichen Bedingungen etwa in Teilen von Nordrhein-Westfalen oder gar an der Weinstraße oder in klimatisch besonders begünstigten Regionen, wie beispielsweise Cornwall, überhaupt nicht miteinander verglichen werden können.

Es verschwimmen also diese Fixierungen, vor allem neuerdings immer wieder unter dem Einfluss von Umständen, zu denen wir allenfalls die Zutaten liefern. Damit sind wir bei einem Thema, das zunehmend die Jahreszeiten beeinflusst. Wir stehen am Beginn eines Klimawechsels, von dem zurzeit nicht einmal die aktuellen Auswirkungen, geschweige denn die zukünftigen Konsequenzen unstreitig bestimmt werden können.

Dies alles tangiert auch in hohem Maße die Planungssicherheit der Gärtner, namentlich für den Winter. Und wenn man sich dann noch vor Augen führt, dass das Klima einer Region noch längst nicht mit dem Kleinklima eines darin gelegenen bestimmten Gartens identisch sein muss, dann

wird zumindest andeutungsweise klar, wie vielschichtig ein Gärtner denken muss, wenn er einen im Wesentlichen dauerhaft sich selbst tragenden Garten einrichten will. Es ist nämlich keineswegs gleichgültig, ob sich ein Grundstück im Tal oder in einer höheren Lage befindet. Es spielt auch eine bedeutende Rolle, ob die Parzelle in offener Landschaft oder inmitten einer Stadt liegt. Derartige Unterscheidungen sind bis in die Details eines einzelnen Gartens hinein zu treffen. Bestimmte Mikroklimata, beispielsweise im Schutze von Gehölzen oder einer Mauer, erlauben ganz andere gärtnerische Betrachtungen als in der ungeschützten freien Fläche, gerade auch im Winter.

Sicherlich gibt es keine auch nur einigermaßen verbindliche terminliche Festlegung der Jahreszeit. Es ist nur sicher, dass der Winter kommt und auch wieder geht. Weiterhin kann in Bezug auf die Jahreszeit immer nur der bestimmte Garten in seinen verschiedenen Klimaformen betrachtet werden. Unter diesen Einschränkungen und mit der gärtnerischen Kenntnis der Pflanzen lässt sich dann auch eine allgemeine Definition finden, mit welcher der Gärtner gut zurechtkommt.

Der Winter setzt in einem Garten dann ein, wenn sich – abgesehen von den Immergrünen und der Jahresschau der wintertypischen Pflanzen – die Gewächse in sich zurückziehen, um die vergänglichen (und erneuerbaren) Pflanzenteile der Witterung zu überlassen. Das Ende des Winters wird dadurch angezeigt, dass sich die Pflanzen nicht mehr zurückhalten, ihrem Neuaustrieb ungezügelt nachzugeben. Der erfahrene Gärtner weiß, dass diese Prozesse jedes Jahr einen anderen Verlauf nehmen. Entsprechend variabel gestaltet sich der Prozess vom Anfang und Ende des Winters.

Dies sind die einzig brauchbaren Indikatoren für den Gärtner. Seine Pflanzen zeigen ihm verlässlicher als alles andere den kommenden Beginn und das Ende der Jahreszeit an. Und so wird es höchstwahrscheinlich auch bleiben. Die Voraussicht der Pflanzen ist enorm. Im Übrigen könnten sie es sich auch gar nicht erlauben, hierbei größere Fehler zu machen. Gewiss, kleinere Irrtümer korrigiert später die Natur. Aber größere können tödlich enden. Wenn man die Zeichen der Pflanzen in Relation setzt zu den Prognosen der Meteorologen, dann ist der Gärtner bestens bedient.

Oben Wenn die Sommerlaube zur Winterhaube wird, dann ist deren Geheimnis endgültig versiegelt.
Rechts Gäbe es eine Umfrage zu den bekanntesten Winterblühern, dann würden die meisten Menschen vermutlich das Schneeglöckchen *(Galanthus)* an erster Stelle nennen.
Linke Seite oben Vergessene Baumsoldaten vorbildlich ordentlich in einer Reihe. Im Frühjahr werden ihre grünen Blätter wieder freundlich der weißen Sitzbank zuwinken.
Linke Seite unten Wie man sieht, weiß sich die Nieswurz *(Helleborus foetidus)* äußerst vorteilhaft mit dem Schnee zu schmücken.
Seite 16/17 Wer in diesem Haus wohnt, kann an nichts Schöneres als den Winter denken.

Der Garten im Winter

Ein Garten lebt immer, auch im Winter. Die Pflanzen sind während dieser Jahreszeit nicht weniger lebendig als während der vorhergehenden Perioden. Wie sollte es auch anders sein, gäbe es doch ansonsten nach den Wintern kein Leben mehr, das sich im Frühling sichtbar entfalten könnte.

Winterformen des Lebens

Natürlich ist auch der Winter mit Sterben verbunden. Das unterscheidet ihn jedoch nicht von anderen Jahreszeiten. Während der kalten Jahreszeit sterben dementsprechend auch nicht mehr Pflanzen als in einem trockenen Sommer, vorausgesetzt, man hat seinen Garten nicht mit Pflanzenarten bestückt, die sich in einer vom Winterklima beherrschten Landschaft bereits bevor die Jahreszeit beginnt zu Tode fürchten müssen.

Es ist jedoch allgemein mehr ein verborgenes Leben, das uns im Winter im Garten begegnet. Jedenfalls ist es grundsätzlich nicht die Explosion von Leben wie im Frühling oder Sommer. Genauso wenig bietet es eine Schau der Farben, die im Herbst ganze Landschaften für sich einnimmt. Abgesehen von den immergrünen Pflanzen ist der winterliche Garten traditionell keine leuchtende Bühne für Pflanzendarstellungen, die sich unbedingt unmittelbar jedem Betrachter erschließen. Ein wenig hinter die Pflanzenkulisse zu schauen, schafft allerdings Einblicke, die das Bild vom winterlichen Garten beleben. Der Winter bietet nämlich den Pflanzen den Vorhang, hinter dem sich etwas für uns Menschen geradezu Unglaubliches abspielt. Etwas, wofür viele von uns fast alles geben würden. Hinter dieser Winterfassade findet nämlich alljährlich eine erstaunliche Regeneration statt. Die Pflanzen befreien sich von den alten, vom Leben gezeichneten Attri-

buten ihres äußeren Erscheinungsbilds. Während der Wintermonate entstehen die Ansätze für eine vollkommene Erneuerung der Teile, die in den nachfolgenden Jahreszeiten das Bild beherrschen. Es ist wie bei einer Wiedergeburt ohne Falten, Runzeln, ohne Vergilbtes und sonstige unerwünschte Farben, ohne die sichtbaren Fraßlöcher des Lebens. Der Winter als Jungbrunnen für die Pflanzen. Lebendiger kann sich eine Jahreszeit wohl kaum präsentieren.

Alles beginnt im Herbst damit, dass die Stauden »einziehen«. Populär ausgedrückt heißt das, dass sie ihren verbrauchten Blatt- und Blütenmüll wahllos auf dem Erdboden zurücklassen und somit vollständig von der Bildfläche verschwinden. Dazukommen die Blätter, welche die Bäume und Sträucher herabfallen lassen. Für Gärtner, die die Gesetze des Hauses auf ihren Garten übertragen, ein geradezu unerträglicher Anblick von scheinbarer Unordnung und endlosem Chaos.

Wenn Bäume im Herbst ihr nicht mehr ansehnliches Laub abwerfen, tun sie es allerdings nicht aus Eitelkeit oder um sich von einer schweren Last zu befreien. Täten sie es nicht, würden die betroffenen Arten den Winter nicht überleben. Beneidenswert oder nicht, die äußerliche Erneuerung ist also Gesetz.

Dieses unerbittliche Naturgesetz lässt deshalb keine Eitelkeiten zu, weil ausnahmslos alles in ihm einem bestimm-

Linke Seite Eibensitzbänke *(Taxus)* für den Schnee.

Seite 20/21 Wer im Herbst die Gräser nicht abschneidet, wird von ihnen später mit immer neuen Winterwundern belohnt.

Unten Im Gegensatz zu Dickmaulrüsslern, Zünslern und all den anderen Schreckensgestalten der Gartengeschichte sind Schneeschlangen noch niemals zu einer Gefahr für den formalen Garten geworden.

ten Zweck dient. Selbst die prächtigsten Blüten sind nicht um ihrer selbst willen da oder um der Trägerpflanze ein Ansehen zu geben. Sie müssen sich unwiderstehlich machen für die Bestäubung, um auf diese Weise die Art zu erhalten. Genauso nüchtern ist zu betrachten, wenn sich im Herbst die Blätter bis zum Idealbild eines Indian Summer färben. Deren Proteine sowie existenzielle Nährstoffe wie Stickstoff und Phosphat werden in Speichergeweben zwischengelagert, um bei Beginn der nächsten Wachstumsperiode von dort abgerufen zu werden. Wenn das Laub dann fällt, hat es seine Schuldigkeit getan. Aber nicht nur das. In der kalten Jahreszeit werden die Blätter zu einer Gefahr für viele Bäume. Die Blätter verdunsten im Sommer über ihre Oberfläche große Mengen von Wasser. Täten sie dies in unserer gemäßigten Klimazone auch im Winter, so wäre dies selbst bei ausreichenden Niederschlägen fatal. Das Schicksal dieser Bäume wäre in dem Augenblick besiegelt, wo die über die Blätter verdunstete Flüssigkeit bei gefrorenem Boden nicht mehr über die Wurzeln ausgeglichen werden könnte. Wenn das Laub am Boden liegt, haben sich die Bäume der größten Gefahr des Winters entledigt. Einer großen Last allemal,

Links Wenn Herbst und Winter aufeinandertreffen, kann sich die Atmosphäre wie hier in dem Perückenstrauch *(Cotinus coggygria* 'Grace') geradezu entzünden. Das Publikum bildet Agastache *(Agastache)*.

Unten Im Winter wird das gewaltige Mammutblatt *(Gunnera manicata)* schwach. Es braucht eine Beetdecke aus seinen eigenen Blättern.

allerdings auch dies nicht etwa, weil es so bequemer für sie wäre, sondern rein zweckgerichtet. Man kann sich kaum vorstellen, wenn man ein einzelnes Blatt in der Hand hält, zu welchem Gewicht sich die Gesamtzahl der Blätter eines Baums summiert. Deshalb ist es in vielen Forsten verboten, die Bäume während der Zeit ihrer Belaubung zu fällen. Zu unberechenbar und gefahrvoll ist zu dieser Zeit die Arbeit im Wald. Mit der zusätzlichen Last von Schnee und Eis würden im Winter noch viel mehr Bäume brechen, als dies ohnehin der Fall ist.

Es ist allgemein bekannt, dass über die Blätter der Bäume große Mengen des klimaverändernden Kohlendioxids (CO_2) aus der Atmosphäre genommen und durch Fotosynthese unter der Einwirkung von Licht und der Aufnahme von Wasser in Kohlehydrate umgesetzt wird. Dabei wird gleichzeitig Sauerstoff freigesetzt. Diese Funktion können also die laubabwerfenden Bäume im Winter nicht erfüllen. Dadurch, dass sie sich des Laubs entledigen, wirken sie sogar kontraproduktiv. Die Laubschicht am Boden fängt an zu faulen und setzt dabei CO_2 frei! Andererseits holt sich der Baum mithilfe

Rechts Eine vielleicht etwas verwirrende, dichte Gartenszene, in die sich auch noch der Schnee einmischt. Das Kaleidoskop der Gestaltungsformen im Garten hat keine Grenzen. Der eigene Geschmack rechtfertigt jede Freiheit. Dies ist eine Quintessenz für die Liebe zum Garten.

Unten Magnolienkerzen (*Magnolia* 'David Clulow', eine großartige Gresham-Hybride) des Frühlings im Februar (!) des im Rheinland äußerst milden Winters 2013/2014.

der Klein- und Kleinstlebewesen den Rest von Nährstoffen zurück, die er seinen fallenden Blätter nicht abringen konnte. Der Baum braucht sein Laub also weiter. Der Gärtner hat folglich kein Recht, seine Beete zu kehren, nicht einmal mit einem »CO_2-Besen«.

Sich über grundlegende Zusammenhänge klar zu werden, verstärkt das Verständnis des Gärtners für seine Pflanzen, verselbstständigt seine Arbeit und vertieft die Bindung zu seinem Garten. Und es macht immer neugieriger. Wer neugierig ist, stellt Fragen. Im Garten sind es unzählige Fragen, von denen ein Großteil niemals beantwortet werden kann. Winterspezifisch interessiert sich der Gärtner meist vor allem dafür, wie er den Pflanzen einen Teil der Lasten der kalten Jahreszeit abnehmen kann. Die einfachste und für ihn bequemste Antwort hierauf ist, dass dies nicht seine Sorge sein muss. Im Idealfall hat er nämlich seine Pflanzenauswahl so getroffen, dass er seine Zöglinge getrost sich selbst überlassen kann. Dies ist der Grundsatz. Daran ändert sich auch nichts, wenn hochgradig zerbrechliche Pflanzen wie beispielsweise Magnolien *(Magnolia)*, der immergrüne Rhododendron *(Rhododendron)* oder der geradezu masochistisch erwartungsvolle Wacholder *(Juniperus)* unter der Last von Schnee und Eis zu brechen drohen und dann tatsächlich Hilfe brauchen. Abweichend von

Oben Ein Ausdruck grandioser Ausgewogenheit und Ruhe.
Linke Seite Für diejenigen, die es noch nicht wussten: Auch Gartenmöbel brauchen ihre Winterruhe.
Seite 28/29 Diese »Rose« kennt heute schon fast jeder Gärtner mit ihrem botanischen Namen: *Helleborus*.

dem Grundsatz gilt etwas anderes für einen Großteil der immergrünen Pflanzen. Sie stoppen nicht die Verdunstung von Flüssigkeit wie die laubabwerfenden Gehölze. Insbesondere bei intensiver Bestrahlung durch die Sonne brauchen sie bei gefrorenem Boden unsere Hilfe. Wir müssen wässern. Für einen gartenfremden Beobachter ein leicht zu missdeutendes Ereignis.

Ansonsten besorgen die Pflanzen ihren Schutz vor dem Winter allein. Die Antworten auf die Frage, wie sie dies bewerkstelligen, sind äußerst spannend. Das Faszinosum Laubfall ist nur eine von vielen unterschiedlichen Methoden.

Nehmen wir den bereits erwähnten Rhododendron. Viele seiner Arten und Sorten schützen ihre Blütenknospen gleichzeitig vor Fraßlöchern und gefährlichen Frösten. Sie überziehen diese mit einer harzähnlichen Flüssigkeit. Im Frühjahr löst sich dieser Schutzmantel auf, damit die Knospen aufbrechen können. Der Rhododendron hat als immer-

grünes Gewächs auch noch eine spezielle Strategie entwickelt, seine Blätter zu schützen. Im Sommer sollen die bei ausreichender Bodenfeuchte fast waagerecht stehenden Blätter möglichst viel Sonnenenergie aufnehmen. In Zeiten von Frost werden die Blätter steil nach unten geklappt, diesmal um die Sonne zu vermeiden und damit weniger Wasser zu verlieren. Ein ausgeklügeltes Überlebensschauspiel für die einen, eine scheinbare Pflanzentragödie für jene, die noch keine Erfahrung mit dem Garten haben und ihren Rhododendron zum ersten Mal in einem solchen Zustand sehen. Die Aufzählung unterschiedlicher Pflanzenphänomene ließe sich beliebig fortsetzen. Viele von ihnen sind erkannt, bei manchen steht auch die Wissenschaft vor einem Rätsel. Es gilt eine allgemeine Regel. Aus einer Antwort entstehen viele neue Fragen. Manches läuft auf das gleiche hinaus, wie etwa bei den Knospen der Rosskastanie *(Aesculus)*, deren empfindliche Blattanlagen mit einer Harzschicht geschützt werden. In ähnlicher Weise werden die Nadeln der Tannen *(Abies)* mit einer Wachsschicht überzogen. Die Magnolie verwahrt ihre kostbaren Blüten in einem festen Mantel, der sich wie Samt anfühlt. Als immergrüne

Oben Ein risikofreudiger Rhododendron *(Rhododendron fargesii)*, der sehr früh blüht.

Rechte Seite Wer den Efeu *(Hedera)* nicht mag, hat ihn noch nicht genau betrachtet.

Unten Wenn dieses Pflanzenherz tränt *(Dicentra spectabilis)*, hat dies glücklicherweise meist nichts mehr zu tun mit einem Nachhall von Winter.

Pflanze ist der Efeu *(Hedera)* auf ganz andere Wege angewiesen. Hierin unterscheidet er sich auch noch einmal von vergleichbaren Immergrünen, wie dem Rhododendron. Um zu vermeiden, dass der Frost seine Blätter zerstört, fängt er, wenn die kalten Tage beginnen, damit an, das Wasser darin langsam verdunsten zu lassen.

Wer sagt da noch, dass die Pflanzen über den Winter ihre Ruhe hätten? Wer von ihnen seinen Einsatz verpasst, der hat leicht einen Teil seiner selbst oder mehr verloren.

Rechte Seite Gräser betrachtet man am besten nicht arbeitstechnisch, sondern ästhetisch oder gartenphilosophisch.

Unten Pampasgras *(Cortaderia selloana)* wirkt, unpassend gepflanzt, wie ein peinlicher Exot. In Harmonie mit seiner Umgebung kann es ein beeindruckender Zuwachs sein.

Manche Pflanzen sind sogar auf den Winter angewiesen, um mit seiner Hilfe ihre Art zu erhalten. Gemeint sind hier die sogenannten Frostkeimer. Das sind Pflanzen, deren Samen erst einmal eine bestimmte Zeit lang niedrigen Temperaturen ausgesetzt sein müssen, um überhaupt keimen zu können. Viele Stauden zählen hierzu. Beispielsweise die Leberblümchen *(Hepatica nobilis)*, der Enzian *(Gentiana)*, der Eisenhut *(Aconitum)*, die Christrose *(Helleborus)* oder das Tränende Herz *(Lamprocapnos spectabilis*, früher *Dicentra spectabilis)*. Bei einem Klimawandel würde uns diese Arten nur noch der Kühlschrank erhalten!

Das ist nur ein Ausschnitt aus dem Erlebnisfeld des winterlichen Gartens. Es ist vielschichtig wie der Schnee, der darauf herabfällt.

Ein Gutes daran ist, dass die Wege nicht so breitgetreten sind wie in den anderen Jahreszeitengärten. Der Winter ist deshalb auch eine Einladung, seinen Garten pionierhaft auf eine völlig neue Weise zu entdecken.

Die verlorene Jahreszeit oder der vergeudete Garten

Ein Garten hat die Tendenz, zur Leidenschaft zu werden. Leidenschaft hat die Neigung, nicht nur zu begünstigen sondern auch zu verzehren. Sie sollte umfassend bleiben, gleichzeitig aber auch dosiert sein. Das ist ein schwieriges Unterfangen. Auch in einem Garten. Das heißt aber nicht, sich darin während bestimmter Zeiten unbedingt gänzlich enthalten zu müssen.

Garten, höchstens eine Qual der Wahl

Die Freiheit ist ein hohes Gut. Missbraucht, ausgehöhlt, abgenutzt oder auch nur durch die allgemeine Selbstverständlichkeit zum Gebrauchsgut verkommen, hat sie zumindest in unserem Lebensbereich viel von ihrem ursprünglichen Bedeutungsinhalt verloren. In dem Maße, in dem sie ihre Wertschätzung eingebüßt hat, wird sie meist auch nicht mehr in dem Bewusstsein gelebt, wie es einem Grundwert dieser Güte zukommt. Was hat dies mit dem Garten zu tun? Viel, sehr viel!

Einerseits ist der Garten einer der wenigen wirklichen Freiheitsräume geblieben. Andererseits ist er es jedoch im Wege der fortschreitenden Vermassung und Nivellierung in noch höherem Maße dazu geworden. Er ist nicht nur ein umgrenzter, vor allem gegen die Außenwelt abgegrenzter Raum im Sinne von *hortus conclusus*. In ihm hat der Gärtner nicht nur Gelegenheit, seine Individualität auszuleben, indem er seinen Raum allmählich sozusagen zu einem pflanzlichen Ich gestaltet. Wie sonst nur noch bei wenigen anderen Gelegenheiten wird er sich dessen auch bewusst. Er lebt seine Freiheit also mit allen Sinnen und schöpft sie damit vollständig aus, dass sie sich ihm in des Begriffs ursprünglicher Bedeutung auftut. Tiefempfundenes wie Leidenschaft, Enthusiasmus, Freude, aber natürlich auch schon einmal Trauer, sind dabei seine Begleiter. Er lebt mit seinen Pflanzen und wird mit ihnen zusammen Teil einer Natur, die ihre Wirkung auf ihn weit über den Gartenzaun hinausträgt.

Gewiss, auch eine solche Tätigkeit hat in den bestehenden sozialen Zusammenhängen ihre Grenzen. Beispielsweise in

Seite 36/37 Über die Wirkung von Gärten, die nicht auf das rein Botanische fokussiert sind, entscheidet die Stimmung. Hier umfängt sie sofort den Betrachter.

Linke Seite Auch Gräsersträuße machen einen winterblühenden Garten.

Links unten Hochmut kommt vor dem Fall, spätestens bei Schneefall. Hier ereilt es das Pyrenäen-Federgras *(Stipa gigantea* inmitten von *Gaura lindheimeri, Silybum marianum* sowie *Panicum virgatum* 'Heavy Metal').

Unten Was für eine Diskrepanz zwischen dem Namen und der attraktiven Erscheinung dieser Pflanze: Lampenputzergras *(Pennisetum)!*

Oben Der Essigbaum (hier *Rhus typhina* 'Dissecta') ist bei uns leider aus der Mode gekommen. Sehr schade!

Rechte Seite Ein Anblick, in dem sich die Arten und Sorten zu einem harmonischen Gesamtbild unterordnen.

kommunalen Verordnungen namentlich zum Schutz der Bäume oder der Nachbarn. Aber dadurch wird nicht der Kern seiner Gartenfreiheit tangiert. Deshalb sollte sich auch von selbst verstehen, dass ihm niemand ungefragt die Art der Gestaltung seines Gartens vorschreibt. Vorsichtige Ratschläge, Einsichten oder Ausblicke, am besten nur interpretierbare Andeutungen sind angemessen, weil sie weiter- und manchmal auch aus einer Sackgasse herausführen und vor allem viel Zeit ersparen können. Ein intensiveres Einwirken könnte dem Gärtner, für den sein Garten mehr als eine Kulisse sein soll, allzu leicht den Weg zu sich selbst verstellen.

In diesem Sinne mögen die nachfolgenden Gedanken über den winterlichen Garten als bloße Anregungen verstanden werden. Dem Autor liegt es fern, auch nur einen einzigen Gärtner zusätzlich mit der Mühe um seinen Garten im Winter zu belasten. Denn seien wir ehrlich, jeder von uns, und damit auch der leidenschaftlichste Gärtner, braucht irgendwann einmal Erholung von seinem Garten. Da mag die Arbeit des Gärtners über drei Jahreszeiten hinweg neben der seelischen in gleichem Maße auch eine hohe körperliche Bereicherung und Stärkung bewirken. Irgendwann einmal braucht der Körper seine Ruhe. Selbst von seinen Pflanzen. Der Gärtner braucht genauso seine Winterruhe, wie seine Pflanzen. Man könnte es auch so ausdrücken: Es kommt der Punkt, da ist es selbst der passionierte Gärtner vorübergehend leid, immer für seine Pflanzen da zu sein. Er braucht, wie dies in allem der Fall ist, Abstand. Nicht nur für seine Erholung. Genauso für neue Ideen. Nur aus der Distanz tut sich wieder ein neues Gesichtsfeld auf. Man kann also sehr gut den Gärtner verstehen, der in dem Rhythmus lebt, den Garten im Winter sich selbst zu überlassen. Und er findet sich darin durch seine Pflanzen bestätigt, die im Winter auch einmal Ruhe vor ihrem Gärtner

haben müssen. Welchem Gehölz dient es, in frosterstarrtem Zustand beschnitten zu werden? Und welche Staude, die bereits heimlich mit ihrem Frühjahrsaustrieb den Boden verlassen hat, möchte von einem gut meinenden, sie aber übersehenden Gärtner zertreten werden? Der Gärtner bestraft sich bei solchen Tätigkeiten auch selbst, zumindest holt er sich dabei kalte Füße.

Sich aus dem Garten fernzuhalten, sich selbst und die Pflanzen zu schonen, dabei während dieser Jahreszeit seinen Garten allein dem Winter mit dessen höchst bemerkenswerten frostgetragenen Gestaltungsmitteln zu überlassen, ist also eine höchst verträgliche und anerkennenswerte Philosophie.

Die Frage, die sich stellt, ist daher nur die, ob es auch einen Garten gibt, der allen Gärtnerpersönlichkeiten zugute kommt, dem »winterfaul« nur der Jahreszeit ergebenen Gartenschläfer ebenso wie dem in seiner Hingabe ganzjährig

Links Ungewöhnlich und (winter)schön, das Chinesische Süßholz *(Glycyrrhiza yunnanensis).*
Unten Wie viele Samen trägt wohl ein Halm? Wenn er daran denken würde, griffe so mancher Gärtner sofort zur Schere.

unermüdlichen Gartenaktivisten. Es müsste eine Gartenform sein, welche den ersten besser stellt, ohne ihm seine Winterruhe zu nehmen. Und es müsste eine Art Gestaltung sein, die dem zweiten, ohne ihn zu eher gartenschädlicher Hektik herauszufordern, einen aktiven Austausch mit der äußerlichen Lebendigkeit seiner Pflanzen vermittelt, der auf seine Weise dem anderer Jahreszeiten nicht nachsteht.

Es gibt diesen Gartentypus tatsächlich! Es gibt ihn dank zahlloser Gehölze und Stauden, die den Höhepunkt ihres Erscheinungsbilds im Winter zeigen. Wer hierbei die richtige Auswahl trifft, wird im Winter in seinem Garten nichts vermissen. Keine Blüten, keine Farben. Und er wird belohnt. Durch faszinierende Strukturen in den verschiedensten Bereichen. Unabhängig davon kann er das hervortreten lassen, was die anderen Jahreszeiten meist verdecken. Statt der gewohnten natürlichen Opulenz der anderen Perioden bieten sich Details an und der Einblick in pflanzliche Welten, die sich dem Auge vornehmlich im Winter erschließen.

So kann man einen »Wintergarten« anlegen, der (s)einen Höhepunkt in der kalten Jahreszeit hat. Er hat, vor allem auch mit den zusätzlichen Gestaltungsmitteln des Frosts, eine Ausstrahlung, die den »Frühlings-, Sommer- oder Herbstgärten« nicht nachsteht. So lässt er sich auch ohne Weiteres in den Anspruch von »Alljahreszeitengarten« integrieren. Zugleich ist er in seinem sichtbaren Ausdruck von Leben dem häuslichen »Wintergarten« oder dem »Gewächshausgarten« durchaus vergleichbar.

Eines hat dieser Garten allen anderen voraus: Richtig angelegt ist in ihm während der Winterzeit nichts zu schützen, schneiden, gießen, hacken oder zu graben. Er braucht seinen Gärtner lediglich als Betrachter, Bewunderer, Genießer. Mehr wäre nur schädlich. Wo könnte es einen solchen Garten sonst noch geben? In dieser Beziehung ist er, einmal

Links Dies ist eigentlich nichts Vergangenes. In seinen wechselnden, bizarren Erscheinungsformen ist es geradezu lebendige Formenvielfalt, eine Gartenlektüre für den ganzen Winter.

Rechte Seite oben Die Schirme der Kaschmirdolde *(Selinum wallichianum)* scheinen den Schnee allein für sich selbst auffangen zu wollen. Wissen sie doch, was ihnen gut ansteht.

Rechte Seite unten Schneemützchen, Winterschlafmützchen, Samentütchen.

richtig eingerichtet, der einzige Garten, der nur schenkt, ohne von uns etwas dafür zu verlangen. Mit anderen Worten: Der einzig wahre Garten Eden!

Der Gärtner ist frei. Aber auch die Garten-Gedanken sind frei. Wer sich die Idee vom vergeudeten Garten nicht zu eigen machen mag, bleibt so frei, dem Winter nicht ins Bild zu gestalten und diesem in seinem Frühlings-, Sommer- oder Herbstgarten alles allein zu überlassen. Vielleicht braucht er für sich persönlich auch nicht den Reiz der Anschaulichkeit von sichtbarem Leben in einer Jahreszeit, die allgemein nicht unbedingt dazu angetan ist, das Gemüt mit Freude zu versorgen.

Auf jeden Fall ist der Wintergarten in dem beschriebenen Sinn jedoch ein Phänomen, das die verschiedenen Gärtnerpersönlichkeiten durchaus miteinander verbindet. Der Schläfer wird unter diesen Umständen ohne weitere Verpflichtung gern einmal den einen oder anderen Blick für seine Winterträume riskieren. Und der Aktivist sieht nicht ins Leere. Außerdem bleibt er zumindest insoweit aktiv, als er mit jedem Blick aus dem Fenster die Früchte seiner Gestaltung erntet.

Oben Hier kann jemand den Sommer nicht erwarten. Oder er zollt dem Winter Tribut, indem er ihm Schneeliegen anbietet.

Rechte Seite oben Die aus der Schnittkunst geborenen Gartenbälle spielen zu allen Jahreszeiten eine gute Rolle.

Rechte Seite unten Der Winter schafft auch eine Art unberührter Natur. Jetzt nur nicht das Haus verlassen, es wäre ein unverzeihlicher Verstoß gegen die Optik!

Pflanzen für den Winter

Manche Pflanzen verbinden sich in ihrer Natur und unseren Gedanken untrennbar mit dem Winter, wie beispielsweise das Schneeglöckchen *(Galanthus)*. Andere sind wintertypisch, aber weniger symbolhaft. Viele weitere kommen hinzu, mit denen die Gärtner im Schutz des neuen Klimas experimentieren.

Der Reiz der Blüten und Düfte von Stauden und Gehölzen

»Galanthomania«? Wen wundert es? Dabei wirbt das Schneeglöckchen *(Galanthus)* eher mit Schlichtheit, Zurückhaltung, Zartheit, Reinheit, Bescheidenheit, aber auch »Natürlichkeit«, selbst in allen Formen der Züchtung. Eigentlich wirbt es überhaupt nicht. Es wirkt. Ohne dies zu beabsichtigen, dafür jedoch unwiderstehlich. Seine ungekünstelte Anmut, elfenhafte Eleganz, die einfache Schönheit suchen ihresgleichen. Es wirkt gleichermaßen in der Einzelstellung wie unter Tausenden von seinesgleichen. Es nutzt sich nicht einmal ab, wenn sich jeder in seinem Garten dafür entscheidet. Wie viele andere Pflanzen könnten das noch von sich behaupten? Erstaunlicherweise verliert es sich nicht einmal in seiner gefüllten Form *(G. nivalis* 'Flore Pleno'), die übrigens schon seit über hundert Jahren in gärtnerischer Kultur ist. Es knickt im Winter selbst unter der größten Schneelast nicht ein, es verbeugt sich zu seinem eigenen Schutz. Das Schneeglöckchen ist schlicht bewunderungswürdig. Ausnahmslos in allen Ausprägungen seiner Arten. Wenn im Himmel Schnee läge, würde es vermutlich nicht auf der Erde wachsen.

Das Wort passt nicht zu seinem grazilen Erscheinungsbild, aber das zarte Geschöpf ist auch ansonsten robuster als die meisten anderen Pflanzen. Es bedarf praktisch keiner Pflege. Es vermehrt sich reichlich über die Zwiebeln, manchmal auch über Samen. Wer möchte sich schon zum Feind

Linke Seite, diese Seite, Seite 48/49 Es gibt ein paar Leitpflanzen in der Natur. Pflanzen, mit denen sich diese selbst gekrönt hat. Hierzu zählt zweifellos das Schneeglöckchen *(Galanthus)* in seinen zahlreichen feinsinnigen Ausprägungen, denen man fast schon zu nahe tritt, wenn man versucht, sie mit einem Namen zu behängen.
In Maryland (USA) soll es zu einer »Invasion« dieser Pflanze gekommen sein. Man überlegt sogar, diese zu bekämpfen. Wie kann man überhaupt solche Gedanken haben? Dem Autor käme unter diesen Umständen nur der eine, so schnell wie möglich sein Gartentor zu öffnen, um dieses Glück für sich zu empfangen.

Oben Eine *Helleborus*-Blütenkönigin mit *Galanthus*-Hofstaat. Schneeglöckchen sind, ohne sich aufzugeben, äußerst flexibel.
Rechte Seite links Der Märzenbecher *(Leucojum)* hat bei aller Attraktivität das Problem, oft mit den Schneeglöckchen *(Galanthus)* verwechselt zu werden und sich in der Beliebtheit weit hinter diesem wiederzufinden.
Rechte Seite rechts Wer überblickt noch die Sorten? Eines ist allen Krokusblüten *(Crocus)* gemein: die verführerische Anmut.

der Anmut machen? Stagonospora unternimmt es zuweilen wie alle Pilze blindlings. Allgemein muss sich jedoch das Schneeglöckchen vor Krankheiten und Schädlingen wenig fürchten. Eher vor dem Austrocknen. Im Gegensatz zu Tulpen- *(Tulipa)* oder Narzissenzwiebeln *(Narcissus)* vertragen nämlich Schneeglöckchenzwiebeln keine längere Trockenlagerung. Viele sind daher bereits tot, wenn wir sie kaufen.

Selbst die Mode lässt es vollkommen unberührt. Die Mode, die zur Sammelleidenschaft geworden ist, ja fast zur Manie. Schneeglöckchen gibt es in oder mit den Farben Schneeweiß, Grün, Gelb oder Orange. Dezent, versteht sich. Der erste große Star war G. 'Green Tear'. Da wurden im Jahr 2012 für *G. woronowii* 'Elizabeth Harrison' über 700 englische Pfund geboten. Wo stehen wir heute? Das Schneeglöckchen steht mit Sicherheit unbeeindruckt an denselben Plätzen. Die Entwicklung wird weitergehen ... und am Ende wieder bei den wahren Liebhabern verebben. Etwas der holländischen Tulpenmanie (1630–1638) Vergleichbares, als am Ende die Zwiebeln ganze Vermögen ruinierten, wird es nicht wieder geben. Angesichts der manchmal kaum unterscheidbaren Vielfalt zählen eher praktische Erwägungen wie die Dauer der Blüten. *G. reginae-olgae*, aus Griechenland und Italien stammend, und *G. peshmenii* aus der Türkei blühen vom Herbst über den Winter!

Wer die Schneeglöckchen in seinem Winterblumenbuch vergisst, kann diese Lücke nicht gleichwertig schließen. Wirklich gerecht werden kann man ihnen nur, wenn man sich ihnen lebenslang widmet, beispielsweise in einer der englischen Plant Collections im Rahmen des National Council for the Conservation of Plants & Gardens. Und wer sich nicht sattsehen kann, den lädt Hodsock Priory in Nottinghamshire ein mit schätzungsweise über vier Millionen Blüten. Gegen solch hochattraktive Verwandtschaft kann sich auch der selbst sehr ansehnliche Märzenbecher *(Leucojum vernum)* kaum behaupten.

Der Krokus *(Crocus)* erinnert in vielem an das Schneeglöckchen. Die einzelne Blüte ist höchst betrachtenswert. Die Masse tut ihm keinen Abbruch. Im Gegenteil, sie begründet einen wesentlichen Teil seines Rufs. Die aparte Einzelblüte wirkt, wenn sie zahlreich mit ihresgleichen die Erde auffällig in Blickfelder einteilt, wie eine unwiderstehliche Lawine der guten Laune. Die Pflanze bietet dem Gestalter zusätzlich jedoch ein breites Spektrum an Farben und Formen, welche aber zugleich das Geschmacksempfinden geradezu tulpenhaft herausfordern und mitunter auch spalten. Wer sich auf die Wildformen beschränkt, kann diesen Zwiespalt vermeiden.

Die »Krokusse des Winters« blühen entweder im Herbst, meist von September bis November, oder im Frühjahr, beginnend im Februar und manchmal auch erst im April endend. Dazwischen blüht, alles andere als ein Lückenbüßer, der nur wenigen bekannten *C. laevigatus* 'Fontenayi'. Jenseits der botanischen Statistik interessieren den Krokusliebha-

ber mehr die Fragen, wie er der Pflanze in seinem Umfeld zu noch mehr Anschaulichkeit verhelfen kann. Die eleganteste Methode ist die, den Krokus dies selbst bewirken zu lassen, was voraussetzt, dass die Art schon von Natur aus dazu neigt, sich wildhaft zu vermehren. Was lag da näher, als jemanden nach den hierfür bestgeeigneten Arten zu befragen, der sein Leben mit Pflanzen dem Krokus in einer National Collection gewidmet hat? David Stephens' präzise und sicher verbindliche Antwort zu den ausbreitungsfreudigen, naturhafte Eindrücke vermittelnden Arten und Sorten: für den Herbst/Winter: *C. banaticus, C. kotschyanus, C. nudiflorus, C. pulchellus, C. speciosus*; für den Winter/Frühling: *C. biflorus*-Sorten und *C. chrysanthus*-Sorten, *C. flavus, C. imperati, C. malyi, C. sieberi, C. atticus* und Sorten, *C. tommasinianus, C. vernus* und Sorten. Und seine persönlichen Favoriten unter den frühen Krokussen? *C. caspius, C. corsicus,*

Rechts Mancher Krokus, wie beispielsweise *Crocus tommasinianus*, verbreitet seine Schönheit allmählich über den gesamten Garten.
Unten Eine Blüte wie Schnee.

Links Einfach, schlicht und trotzdem oder gerade deshalb „nobel", das Leberblümchen *(Hepatica nobilis)*.

C. dalmaticus, C. imperati! Rainer Schönefeld ergänzt *C. cvijicii, C. alatavicus* und seinen persönlichen Favoriten *C. michelsonii*. Der Autor wartet jedes Jahr ungeduldig auf das Werk der Ameisen, welche zuverlässig die Samen von *C. tommasinianus* im Garten herumtragen und damit jährlich der Natur ungewollt zu neuen Meisterwerken verhelfen.

»Yukiwarisou«, die Blume, die den Schnee durchbricht. Die Pflanze, die von der Loki-Schmidt-Stiftung zur Blume des Jahres 2013 erhoben worden ist. Das Leberblümchen! Unser einheimisches Leberblümchen heißt botanisch *Hepatica nobilis*. In Japan ist das Leberblümchen zum Kultobjekt geworden. Es gibt dort zwei einheimische Varietäten: var. *japonica* und var. *pubescens*. Einzelne Pflanzen haben schon Preise erzielt, die den Neuwert eines Kleinwagens erreichten. Das hat die Züchter zu immer neuen Kreuzungen getrieben. Schade, der lateinisch-botanische Taufname hätte nicht treffender sein können. *Nobilis!* Der natürliche Adel ist die einzig unantastbar privilegierte Geburtsform! Beim Leberblümchen kommt diese vor allem in den blaublütigen Erscheinungsbildern, die von Hell- über Tief- bis zu Violettblau reichen, zum Ausdruck. Die weißen, rosafarbenen oder roten Blüten schaden nicht der Aura, aber echter Naturadel bedarf keiner Kreuzungen, um sein Erscheinungsbild oder seine Überlebensfähigkeit zu erhalten. Und eine zur Einfachheit berufene Schönheit wie das Leberblümchen plustert sich niemals in gefüllten Formen. Füllen wir doch andere wie die Pfingstrosen *(Paeonia)* oder die Hortensien *(Hydrangea)* – solange die Stängel dabei nicht knicken. Bombastisch kann durchaus auch schön sein! Überlassen wir dafür das Leberblümchen sich selbst als die stille Schöne der Wälder. Unser Leberblümchen ist übrigens auch sehr bescheiden. Im Garten des Autors fühlt es sich in humosem Boden wie in Lehm gleich wohl. Entsprechend versamt es sich auch willig. Nur ein schwer zu bekämpfender Rostpilz *(Puccinia actaeae-agropyri)*, der gelegentlich die Blätter befällt, macht Probleme. Das Leberblümchen hat übrigens auch eine Reihe von Verwandten. In seinem Erscheinungsbild am nächsten kommt ihm die amerikanische Variante *(H. acutiloba)*. *H. transsylvatica* verliert dagegen über seiner Wuchskraft den Charme der oben Genannten.

Eine Pflanze ist sogar mit ihrem lateinisch-botanischen Namen längst zu einem Begriff geworden: *Helleborus!* Das zeugt von ihrer sich stetig steigernden Beliebtheit. Sie ist eine Giftpflanze, aber das wurde unter ihrer Blüten- und Blattschönheit weitgehend vergessen. Es gibt sie in vielen, manchmal kaum voneinander abgrenzbaren Arten und in inzwischen unübersehbarer züchterischer Vielfalt. Als Christrose *(H. niger)*, die im Dezember blüht, gilt sie von jeher als ein Symbol der Reinheit. Auch die Bezeichnung als Schneerose verklärt sie als Pflanze des Winters. An der richtigen Stelle kann sie im Garten über zwanzig Jahre alt werden. Von den Stämmchen bildenden Arten seien *H. foetidus* und *H. argutifolius* hervorgehoben. Ihre immergrünen Glöckchensträucher zieren ab Januar beziehungsweise März den Winter und das frühe Frühjahr. Zusammen mit *H. niger* ist *H. argutifolius* auch ein Elternteil des hochgelobten *H. × nigercors*. Das größte Aufsehen erregt die Pflanze jedoch als manchmal schon ab Januar blühende Lenzrose

Unten und rechte Seite *Helleborus!* Wer gewinnt das Rennen um den schönsten Blüten- und Blattschmuck, die Pflanzen selbst, die sich teilweise auch eifrig untereinander kreuzen, oder die Züchter? Die Ergebnisse sind schon heute erstaunlich und dabei doch erst der Anfang dessen, was wir erwarten dürfen. Namen spielen längst keine Rolle mehr, dafür gibt es schon zu viele. Es zählt einzig die Schönheit der farbprächtigen Blüte und der dekorativen Blätter. Vielleicht läuft es am Ende auch überraschend auf einen stillen Sieger hinaus, eine Pflanze mit der fast heilig zu nennenden Einfachheit und Schlichtheit, die diesen Anschein schon von Alters her verkörpert, die Christrose *(H. niger)*.

(H. × hybridus). Mit ihr hat sich die Engländerin Helen Ballard unsterblich gemacht dank aufsehenerregender neuer Blütenfarben, -formen und -gesichter. Die Gärtner und der Kommerz haben die Botschaft schnell verstanden. Die Kreuzungsfantasie können wir aber auch den Pflanzen im Garten selbst überlassen. Bis zu einem gewissen Grade. Ansonsten kann der Lenz zu einer Okkupation des Gartens führen. Als Vorschlag für die Gartenpraxis: Wer die Blätter bei erkennbarer Ermüdung entfernt, erhält sich weitgehend pilzfreie Pflanzen und kann schönere Blätter und prächtigere Blüten erwarten. Nach Versuchen des Autors scheint sich dies sogar auf die Stämmchen bildenden Arten anwenden zu lassen.

Der Blütenwinter besteht aber nicht nur aus Hauptdarstellern. Die hübschen geheimen Goldbecher unseres hei-

mischen Winterlings *(Eranthis hyemalis)* wirken wie eine Schneeschmelze in den Herzen. Das im Winter blühende Alpenveilchen *(Cyclamen coum)* schiebt das düstere Gesicht des Winters in uns wie einen Vorhang beiseite. Selbst auf Tulpen müssen wir nicht verzichten. Zumindest nicht auf deren Blätter. *Tulipa bakeri* 'Lilac Wonder' bildet bereits im Herbst winterfestes Laub aus. Eine Tulpe als wintergrüner Bodendecker! In gleicher Weise verhalten sich auch Geophyten wie die Madonnenlilie *(Lilium candidum)* oder eine Traubenhyazinthe *(Muscari armeniacum)*. Die erste Blüte zeigt dann *T. kaufmanniana*. Tulpenzwiebeln brauchen nun einmal über 6 °C, um sich zu entfalten. Aber, wie wir wissen, die Winter sind flexibel. Gut eine Woche nach dieser Tulpe folgen übrigens die ersten Blüten aus der *Greigii*-Gruppe. Die erste blühende Narzisse ist *Narcissus cyclamineus* 'Peeping Tom'. Die frühe *N. asturiensis*, eine Wildform aus Portugal, ist aus Artenschutzgründen nicht mehr im Handel. *Scilla mischtschenkoana* ist der frühest blühende Blaustern, und die hübschen Zwergiris erfüllen ab Februar/März fast jeden Farbwunsch (zum Beispiel *Iris histrio, I. danfordiae, I. reticulata)* in zahlreichen Sorten. Natürlich ist auch die Schneeheide *(Erica carnea)* nicht zu vergessen. Allerdings bereitet sie gestalterische Probleme, wenn das Umfeld optisch nicht passt. Der Rhododendron *(Rhododendron)*, die Prachtglocke *(Enkianthus campanulatus)*, die Scheinbeere *(Gaultheria procumbens)* oder die Lavendelheide *(Pieris japonica)* und verschiedene Nadelgehölze können als Brückenpflanzen dienen.

Diese und andere Arten können zusammen mit den »geraubten und geschenkten Blüten« (siehe Seite 120) einen Winterblütenreigen bilden, der auch den Gärtner mit den ewigen Frühlings- und Sommergefühlen selbst in der kalten Jahreszeit nicht allein lässt. Vielleicht ist dieser auch

Linke Seite oben Der Winterling *(Eranthis hyemalis)* hat bei Gelb-Phobien keine Chance. Dabei ist die Pflanze eine vielversprechende Wintersonne in den unaufgeräumten Beeten.

Linke Seite unten Für diesen schönen Blütenteppich geben die Bäume ihr gesamtes Laub her.

Oben Wenn Alpenveilchen *(Cyclamen)* den Standort mögen, nehmen sie bald nicht nur mit ihren Blüten alles für sich ein.

Rechts Nach den Repressalien des Winters in dem Kampf aller gegen alle ein Lichtblick in lebensvoller Enge: Traubenhyazinthen *(Muscari)*.

bereits auf eine andere Art von Pflanzen abonniert. Stiefmütterchen, Eismütterchen, mutterseelige wie junghübsche Gesichter im Duftkreis der großen Veilchenfamilie *(Viola)*, Pflanzengesichter, die entweder zutiefst ansprechen oder grabentief trennen. Gesichter, von denen eine ganze Reihe auch den Winter hindurch lächeln. Für manche vielleicht der letzte Anlass, endgültig den Dialog mit den Pflanzen aufzunehmen. In Deutschland wurden sie im Wert von insgesamt 142 000 000 Euro gekauft! Zu den demgegenüber wohl unbestreitbar schönsten Winterblumen gehört eine, die der Winter selbst hervorbringt. »Leider« geben wir ihm hierzu kaum noch eine Gelegenheit. Vielfachverglasungen verbannen die Eisblumen von unseren Fenstern.

Es wird wohl wenig Widerspruch geben, wenn man bei den winterlichen Blütengehölzen mit *Hamamelis* anfängt. Zaubernuss, zauberhaft, wahrhaftig! Der Name spricht für sich. Diese bedeutende Winterpflanze muss nicht lange beschrieben werden. Ob nun *H. japonica, H. mollis, H. × intermedia, H. vernalis* oder *H. virginiana*, sie alle bieten uns in zahlreichen Variationen nicht nur ihre magisch anmutenden Blüten an, sondern darüber hinaus auch noch ausdrucksvoll gefärbtes Blattwerk. Man muss schon gewichtige Gründe haben, sich nicht für diese Pflanze zu entscheiden. Ist *H. × intermedia* 'Orange Peel' wirklich die Schönste?

Linke Seite Es ist nicht einfach, die hübschen Zwergiris (hier *Iris reticulata)* dauerhaft bei sich anzusiedeln.

Seite 62/63 Sollte jemand ernsthaft behaupten, so gestalten zu können, wie es uns die Natur auf diesem Bild vorstellt, hätte er überhaupt nichts verstanden.

Unten Schneestolz *(Chionodoxa)*, auch ohne Schneekleid.

Oben *Erica carnea*, die Schneeheide. Erst im Winter kann sie sich ihren Namen verdienen.
Links Wer ihn kennt, dem teilt sich der Duft dieses Schneeballs *(Viburnum* x *bodnantense)* bereits über das Bild mit.

Was hat der Schneeball *(Viburnum)* mit dem Winter zu tun? Es ist keineswegs nur die Form mancher Blüten. Einige Schneebälle blühen auch herrlich über mehrere Wintermonate. Immer, wenn es die Wetterlage erlaubt. Zugleich kann ihr Duft betörend sein *(V. bodnantense 'Dawn' oder 'Deben', V. farreri)*. Das Duftkabinett eines Parfumeurs ist nichts gegen einen einzigen kleineren Zweig in der Vase. In ihrem Blühverhalten ähnlich ist die Schneekirsche *(Prunus subhirtella* 'Autumnalis' oder 'Autumnalis Rosea'). Empfehlenswerter als dieses populäre Gewächs ist *P. incisa* 'Praecox'. Sie hat alle guten Eigenschaften des vorhergehenden, ist aber im Gegensatz hierzu nicht anfällig für *Monilinia*. Ein anderer Schneeball *(V. tinus)* duftet weit dezenter, vielleicht weil er etwas kältesensibler ist und den Frost nicht auf sich aufmerksam machen möchte. Der Seidelbast *(Daphne)* kann gleichfalls eine im Winter blühende und zugleich duftende

Pflanze sein (zum Beispiel *D. bholua* 'Gurkha' und 'Jaqueline Postill' oder *D. mezereum* in Sorten, *D. mezereum* 'Grandiflora' etwa blüht ab September). Die hellgelb blühende, eindringlich süß-würzig duftende, etwa zwei bis drei Meter hohe chinesische Winterblüte *(Chimonanthus praecox* 'Lutens') zeigt ab Dezember die ersten Blüten. Ein strauchiges Geißblatt *(Lonicera × purpusii* 'Winter Beauty') trägt seine zierlichen Winterblüten über viele Wochen und empfängt uns mit faszinierenden Düften. Ebenfalls aromatisch duftend und augenfällig blühend folgt ihr im Spätwinter *L. fragrantissima. Cornus mas* (zum Beispiel 'Golden Glory') bezaubert sogar den Winter vor dem Laubaustrieb mit kleinen gelben Dolden. Die darauf folgenden roten Früchte stehen für raffinierte Marmeladen. Wer die Mahonien *(Mahonia)* übersieht, verpasst vieles: immergrüne Blätter in einer erstaunlichen Farbvielfalt mit manchmal zusätzlicher Herbst- und Winterfärbung *(M. nervosa)*. Beeindruckende, nicht nur gelbe (zum Beispiel *M. gracilipes)* Blütenformen und zum Teil verlockende Düfte (zum Beispiel *M. × media* 'Winter Sun'), welche im Herbst beginnend und bis in den Winter (zum Beispiel *M. oiwakensis* subsp. *lomariifolia)* oder im Winter beginnend bis ins Frühjahr reichen *(M. japonica)*. Dazu kommen Früchte, die beeindrucken, und Stämmchen, welche die Struktur des Gartens bereichern.

Das Angebot an Arten und Sorten ist so reich, dass sich alle Gartenanlagen mit dieser bemerkenswerten (Winter-) Pflanze bereichern ließen. Weit komplizierter ist demgegenüber die winterliche Kultur von Kamelien *(Camellia)*. Das Klima darf nicht zu hart sein und eine gewisse zusätzliche Fürsorge ist auch meist unerlässlich. Dann ist es sogar möglich, blühende Pflanzen durchgängig vom frühen Herbst bis weit in das Frühjahr zu haben (Auslesen von *C. sasanqua)*. Man möchte keine vergessen. Nicht feingliedrig anmutige Erscheinungen wie die duftende *Sarcocca confusa* (Fleischbeere) und *Corylopsis pauciflora* (Scheinhasel) mit den primelgelben Blütenglöckchen. Oder die Schweifähre *(Stachyurus praecox)* mit ihren höchst dekorativen Perlentrauben. Und für jene, welche die gelben Farben der Forsythie *(Forsythia)* nicht mögen, nicht die in milden Gegenden bereits ab Januar blühende, mandelartig duftende »Weiße Forsythie« *(Abeliophyllum distichum)*, genauso wenig wie eine Waldrebensorte *(Clematis armandii)*, die bereits ab Februar ihre weiße, deutlich duftende Blüte zeigt ('Apple Blos-

som'). Oder eine andere Kletterpflanze, den Winter-Jasmin *(Jasminum nudiflorum)*. Er wächst zwar nicht wie die vorherige bis zu fünf Meter hoch, beginnt dafür aber mit ihren wiederum gelben Blüten manchmal schon im Dezember. Die Alpenrose *(R. praecox)* bietet sich für die Februarblüte an und beschließt hier einen Kreis, der leider nicht vollständig sein konnte. Es ging darum aufzuzeigen, dass der winterliche Garten allen klimatischen Widrigkeiten zum Trotz durchaus auch ein Duft- und Blütengarten sein kann.

Oben Im Garten des Autors wächst der ansehnliche, inzwischen über sechs Meter hohe *Rhododendron calophytum* wie in China oder Tibet.

Linke Seite oben Eine der vielen Blütenschönheiten unter den Zierkirschen, *Prunus subhirtella* 'Accolade'.

Linke Seite unten Werden wir uns bei der traditionellen Farbbotschaft für den Frühling umstellen müssen? Die »Weiße Forsythie« *(Abeliophyllum distichum)* ist auf dem Vormarsch.

Von der Wirkung der Rinden und Strukturen der Pflanzen

Wann wirkt ein laubabwerfender Baum ansehnlicher, im Frühling, Sommer, Herbst oder Winter? Manche sagen, nichts käme dem Baum gleich, der im Winter an einem freien Standort das Wunderwerk der Struktur seiner unbeschnittenen Äste und Zweige preisgibt. Dies ist vor allem denjenigen gegenüber eine kühne Aussage, die sich im Frühling von dessen zartem Blattgrün oder Blütenfesten wiederbeleben, im Sommer von satter grüner Lebensfülle anstecken oder im Herbst von Blattflammen entzünden lassen. Wer jedoch das Wesen der Bäume ergründen möchte, der betrachte sie im Winter.

Zu keiner anderen Jahreszeit geben sie allerdings auch einen schonungsloseren Einblick in unsere gärtnerischen Fehler. In das, was ungeübte oder sogar unbrauchbare Hände mit ihren Werkzeugen an ihnen anrichten. Was unsensible Geister sich einfallen lassen, um die Bäume zu verkleinern und ihnen damit ihre Natur zu nehmen. Gewiss, in der Enge unserer Gärten ist ein Gehölzschnitt meist unabdingbar. Manchmal sogar im Winter, um mit der Hilfe von Säge und Schere eine ausgewogene Struktur zu erhalten. Wenn Letzteres an frostfreien Tagen schnitttechnisch einwandfrei geschieht, Wundschutzmittel auf die Schnittstellen aufgebracht werden und dies alles auch nicht zu einer Zeit geschieht, wenn bei manchen Arten, wie zum Beispiel Birke *(Betula)*, Ahorn *(Acer)* oder Kornelkirsche *(Cornus mas)*, der Saftfluss bereits einsetzt, dann ist dies grundsätzlich in Ordnung und sogar geboten. Wenn dann jedoch Großbaumarten ohne den vielleicht rechtfertigenden Hintergrund einer frühzeitigen »Erziehung« als Formgehölze oder einer mystischen oder religiösen Bedeutung außerhalb jeder botanischen Notwendigkeit Jahr für Jahr brutal zurückgenommen und erniedrigt werden, nur damit sie etwa mit jedem neuen Austrieb überdimensionale Blätter erzeugen, dann

Rechts Ein Fächerahorn *(Acer palmatum)*, der freiwillig und ohne Unterstützung zu einem vollendeten Bonsai gewachsen ist.

geht nicht allein der Autor jedes Mal aufs Neue auf die Bäume. Zurzeit grassiert, möglicherweise dort sogar von »höheren« Gärtnerkreisen initiiert, diese Krankheit ausgerechnet in dem ewigen Mekka allen Gartenglaubens, in England. Dort werden Baumarten, wie zum Beispiel dem Tulpenbaum *(Liriodendron tulipifera)*, also einem Wesen, für das von der Natur ein Höhenwachstum von 30 Metern (in den USA sogar von 40 bis 60 Metern) vorgesehen ist, in Bodennähe alljährlich der Stamm durchschnitten. Der größeren Blätter wegen! Man nennt dies »to coppice« oder »to pollard«. In deutschsprachigen Ländern nannte man das schon immer »auf den Stock setzen«. Dieser Begriff umschreibt zutreffend das ganze Elend. Wo bleibt bei solchen Maßnahmen die Ehrfurcht vor den Bäumen?

Lassen wir das Abartige der gestutzten Äste und Bäume und widmen wir uns nur noch deren Ansehnlichkeit und Schönheit! Wer diese in der natürlichen Struktur der Bäume erfahren möchte, der fahre im Winter doch einmal in die Landschaft, um frei stehende, naturbelassene Arten zu betrachten. Vielleicht eine Eiche *(Quercus)*, eine Rosskastanie *(Aesculus)*, eine Linde *(Tilia)* oder sogar einen von der Natur besonders herausgeforderten Bergahorn *(Acer pseudoplatanus)* in deutschen, österreichischen oder Schweizer Bergen. In dem nicht auszuschöpfenden Angebot von Natur und Züchtung ist alles vertreten, von den Säulenformen *(Populus nigra* 'Italica') über Kugelbäume *(Aesculus hippocastanum* oder *Prunus fructicosa* 'Globosa'), Kegelformen *(Pyrus calleryana* 'Chanticleer'), Trichterformen *(P. subhirtella* 'Accolade') bis zu beeindruckenden Hängeformen ('Pendula'). Mit kleinwüchsigen Gehölzarten kann man sich das Seherlebnis aber auch jeden Tag in zwar nicht ganz so großartiger, aber immer noch sehr ansehnlicher Form in den engeren Grenzen seines Grundstücks zugute kommen lassen. Mit verschiedenen Zierkirschen *(Prunus)*, Ahornarten, angefangen mit dem Japanischen Fächerahorn *(A. palmatum)*, über zwar höher wachsende, aber dennoch für den Hausgebrauch geeignete Ahornarten (wie zum Beispiel *A. grosseri, A. capillipes, A. ginnala*), zu der Scheinkamelie *(Stewartia pseudocamellia)*, den Magnolien *(Magnolia)* mit vielen Arten und Sorten, die sich für jeden Gartenraum eignen, dem Hartriegel *(Cornus)* mit

Rechte Seite Die Scheinhasel *(Corylus avellana* 'Contorta'), die Majestät unter allen Verschnörkelten und Verdrehten.
Unten links Der Wasserdost *(Eupatorium)* hat sich dem Winter perfekt angepasst und ist zu Schneedost geworden.
Unten Wenn der Schnee überhandnimmt, verliert der Gärtner seine Winterruhe, weil dann seine Gehölze in Gefahr sind.

einem gleichfalls breiten Spektrum, dem Perückenstrauch *(Cotinus coggygria)*, der Felsenbirne *(Amelanchier)* oder einem äußerst zierenden Birnbaum *(Pyrus salicifolia)*, dem Judasbaum *(Cercis siliquastrum)*, der Parrotie *(Parrotia persica)*, der Glanzmispel *(Photinia villosa)*, einigen Weidenarten (wie beispielsweise der Pekingweide *(Salix matsudana)*, vielleicht auch der Züchtung 'Tortuosa' wegen des Verwirrspiels der Zweige), wogegen die bekannte, im Wuchs ähnlich verdrehte Korkenzieherhasel *(Corylus avellana* 'Contorta') wegen ihrer wie von Läusen gekräuselten Blätter wohl weniger zu empfehlen wäre. Dies sind nur ein paar Beispiele aus einer großen Auswahl. Bei diesen Großsträuchern/Bäumen, die in ihrem Umfang und ihrer Höhe zwar in einer gewissen Abhängigkeit von ihrem Standort stehen und deshalb auf dem Papier nicht allgemeingültig festgeschrieben werden können, erübrigen sich Schnittmaßnahmen weitgehend.

Rechts Welche Belastung für einen so schönen Baum, den Judasbaum *(Cercis siliquastrum)*! Nach der Legende soll sich Judas daran erhängt haben.

Unten »Keulenlinden« *(Tilia)* geben im Winter kein Bild ab, das der Art gerecht wird.

Richtig gepflanzt, kann man also zusehen, wie sich diese Gehölze zu ihrer arttypischen Ansehnlichkeit entwickeln.

Wenn sich hinter dieser *Ars arborea* die Rinden nicht verstecken müssen, dann sagt dies bereits allgemein alles über die optische Wirkkraft der Haut der Bäume. Konkret können dies hier leider nur einige wenige Beispiele belegen. Wie verschieden Rinden sein können, lässt sich an zwei der bekanntesten Baumarten ablesen. Die Stieleiche *(Quercus robur)* hat eine graue, tiefrissige Borke. Wer sie genau betrachtet, fühlt sich in eine ganze Rindenlandschaft versetzt. Demgegenüber zeichnet sich die Buche *(Fagus sylvatica)* im Vergleich zu der Eiche durch eine dünne Rinde aus. Ein weiteres Hauptmerkmal besteht darin, dass die Haut der Buche überwiegend glatt ist. Die Farbe ist ein helles Grau, das sich manchmal sogar mit einem Anflug von Blau interessant macht. Die Bestimmung der beiden genannten Spezies fällt nicht nur Experten leicht. Viele Bäume machen es aber sogar Letzteren schwer. Auf jeden Fall ist jedoch die Rinde eines der wesentlichen Charakteristika für die Bestimmung der Bäume. Mehr als zu jeder anderen Jahreszeit ist die Baumrinde auch ein besonderer Blickfang. Die Natur und die Züchtung haben sich vieles einfallen lassen, um das Bild der Bäume in deren Stämmen zu prägen.

Die größte Wahrnehmung für ihre Rinden haben dabei in unserem Klima vermutlich die Birken erfahren. Aber selbst innerhalb dieser Gattung mit zirka 40 Arten gibt es diesbezüglich farblich ein weites Feld der Gestaltung, das von der Weißrindigen Himalaya-Birke *(Betula jacquemontii)* über *B. albosinensis* 'Pink Champagne' bis zu der Schwarz-Birke *(B. nigra)* so weit reicht wie von der Hochzeit bis zum Tode. Ein bekanntes Beispiel für die Originalität der Rindengestaltung sind auch die Schlangenhautahorne *(Acer capillipes, A. davidii, A. grosseri, A. pensylvanicum, A. rufinerve, A. tegmentosum).* Weiß- und blaustreifig wird deren grüne Rinde auffällig von Schlangenlinien durchzogen. Es gibt auch herrliche braunhäutige, selbst bei dem ärgsten Winterwetter nicht verblassende Gestalten wie die Mahagoni- oder Tibetanische Kirsche *(Prunus serrula)* oder der Zimt-Ahorn *(A. griseum).* Die

Links Eine Berberitze *(Berberis thunbergii* 'Golden Ring') als Beispiel für eine schöne Züchtung. Der Winter konnte es noch besser: »Raureif Ring«!

gelbe Farbe *(Prunus maackii)* kommt ebenso vor wie leuchtendes Orangebraun mit pink-grauen Intervallen *(Betula albosinensis* var. *septentrionalis)*. Es fehlt überhaupt nichts, um sich daran sogar noch in strengen Wintern zu erwärmen. Hinzu kommt noch, dass sich viele Rinden malerisch abrollen. Das bekannteste Beispiel ist wohl die Platane *(Platanus)*. Im Garten tun es höchst malerisch der Zimt-Ahorn oder die Mahagoni-Kirsche. Die Kiefer *(Pinus)* wirft demgegenüber, oft in der Zusammenarbeit mit Spechten, Baumläufern oder Kleibern, große Rindenstücke unspektakulär einfach von sich.

Der Winter entwickelt eine eigene, wunderbare Welt. Manches, was dem Gärtner den Frühling oder Sommer zuweilen vergällt, kann er sogar in sein Gegenteil verkehren, wenn nicht gar verklären. Wer beispielsweise die Blüte der Rosen *(Rosa)* will, hat vorher mit den Dornen zu kämpfen.

Oben und rechte Seite links Hartriegel zaubern Winterfarben: *Cornus stolonifera* 'Flaviramea' (oben) und *C. alba* 'Sibirica'.
Rechte Seite rechts Wer erkennt die Birke *(Betula papyrifera)* nicht an ihrer Rinde?
Links Findet er sich noch nicht schön genug? Ein Zimt-Ahorn *(Acer griseum)* beim Rindenpeeling.

Jede Blüte ist Dornröschen, denn der Gärtner hat hierfür mit den Dornen wie ein Prinz zu kämpfen. Im Winter liefert die bewehrte Rose keinen Grund mehr, ihr zu nahe zu treten. Sie wirkt in der bloßen Betrachtung nur noch unnahbar schön, aber nicht mehr gefährlich.

Struktur bilden in winterlichen Gärten auch die Stauden. Winterattraktive Stauden einfach der Jahreszeit zu überlassen, stellt im Allgemeinen nicht den faulen Gärtner bloß. Ganz im Gegenteil. Wer so feinsinnig ist, diese Pflanzen im Herbst nicht abzuschneiden, muss auch sehr fleißig sein. Zum großen Teil versamen sie sich nämlich während dieser Zeit. Die damit verbundene Mühe, die im Frühjahr keimende, oft überreiche Ernte zu sichten, ist erheblich und fällt weit mehr ins Gewicht als der Schnitt dieser Gewächse vor dem Eintritt des Winters, der ohnehin spätestens im Frühjahr fällig wäre. All dieser Mühe ist nur eine große Leidenschaft gewachsen.

Bei den Gräsern setzt sich auch im Winter Karl Foersters Traum vom »Einzug der Gräser und Farne in die Gärten« fort. Piet Oudolf, der die Gräsersymphonien für die Gärten komponierte, begleitet uns mit seiner Vision auch im Winter. Und wer das Glück hatte, einmal auf der Insel der Grasseligkeit »Le Jardin Plume« in der Normandie bei Sylvie und

Links Die Schlangenhaut-Ahorne, hier *Acer rufinerve*, sind ein wunderbarer Beitrag der Natur auch für den kleineren Garten.
Rechte Seite oben Viele Weiden *(Salix)* müssen sogar beschnitten werden, damit sie nicht unter ihrer eigenen Last zusammenbrechen.
Rechte Seite außen Die Rinde sieht so gefährlich aus und ist doch bei uns vollkommen wehrlos gegenüber dem Winter: Kapokbaum *(Ceiba speciosa)*.
Unten Wandelbar wie die Mode der Frauen: ein Frauenmantel *(Alchemilla mollis)*.

Patrick Quibel zu Gast gewesen zu sein, für den verbindet sich der Nachklang von Sommer und Herbst zu einem wundersamen Bild von Winter. Darin sollten auch die »Übergräser« nicht fehlen, nachdem der Bambus ohnehin bereits bei den Immergrünen seinen Platz hat. Und wer würde auch in diesen Zusammenhängen schon freiwillig auf Chinaschilf *(Miscanthus)* verzichten?

Sie verlieren nichts von ihrer Wirkung. Die Mexikonessel *(Agastache)*, der Germer *(Veratrum)*, der Federmohn *(Macleaya)*, die Wiesenraute *(Thalictrum, T. rochebrunianum* 'Elin' erreicht eine Höhe von drei Metern!), der Wasserdost *(Eupatorium)*, die Funkie *(Hosta)*, die Prachtspieren *(Astilbe*-Arten), die Dreiblattspiere *(Gillenia)*, die Telekie *(Telekia)* oder der Sonnenhut *(Rudbeckia)* und viele andere, wie vor allem die Korbblütler insgesamt, warten darauf, sich für uns zusammen mit Gräsern und Farnen zu eigenwillig bizarren Einzelbildern zu formen. Vielleicht sogar gemeinsam mit ein paar Sommerblumen, wie der Jungfer im Grünen *(Nigella damascena)*, der Sonnenblume *(Helianthus anuus)*, falls die Vögel etwas davon übrig lassen oder beispielsweise auch mit der Mariendistel *(Sylbium marianum)*. Vor allem warten sie auf uns, dass wir sie, statt sie im Herbst zu entfernen, gewähren lassen und zum Dank für diese Schau dann im Frühjahr ihre Sämlinge aus der Erde klauben.

Stauden können ihre Samen so stolz tragen wie die Blüten. Dann können diese weit mehr sein als eine willkommene Staffage für Winterbilder im Garten. So trägt sich der Goldquirl *(Phlomis)* mit seinen Samenständen auch noch höchst wirkungsvoll durch den Winter. Der Virginische Ehrenpreis *(Veronicastrum)*, in seinen zahlreichen pittoresken Sorten ein Faszinosum der Sommergärten, bleibt uns auch im Winter ansehnlich erhalten. Das Gleiche gilt für Disteln und distelähnliche Pflanzen (wie etwa *Carduus, Eryngium)*.

Oben Eine in Schönheit erstarrte Rosenblüte *(Rosa)*.
Rechts In milderen Klimazonen würde die Dahlie *(Dahlia)* weiterblühen. Bei uns muss sie im besten Fall glorios im Raureif sterben.
Linke Seite Séparées bringen Intimität in den Garten.

Linke Seite Dem Sonnenhut *(Echinacea)* steht auch der Frosthut gut.
Rechts Nicht alles, was übel riecht, muss auch so aussehen: die Pestwurz *(Petasites)*.
Unten Viele Stauden werden im Winter in ihrem Aussehen bis zur Unkenntlichkeit verändert. Das Lampenputzergras *(Pennisetum)* bleibt sich selbst treu.

Ein Farbenspiel der Zweige, Blätter, Nadeln und Früchte

'Abendglocken', 'Bressingham Ruby', 'Eroica', 'Lunar Glow', 'Rote Schwester', 'Winterglut': Wintermärchen! Sortennamen einer Staudenart *(Bergenia cordifolia)*, deren Rot, Dunkel-, Braun-, Purpur- oder Bordeauxrot im Farbwandel ihrer Blätter Signale gegen stimmungstrübe Anwandlungen im Winter setzt. Dies ist nicht einmal eine abschließende Aufzählung, sondern das Angebot einer einzigen Staudengärtnerei (Staudenkulturen Stade in 46325 Borken-Marbeck). Dabei steht die Bergenie hier nur als Beispiel. Es gibt also für die kalte Jahreszeit nicht nur das Angebot der »immergrünen« beziehungsweise der darunter miterfassten gemischt- oder andersfarbig gezeichneten dauerhaften Blätter, sondern sogar solche, die nicht nur mehrjährig sind, sondern sich eigens für die Winterzeit verfärben. Das gilt auch für Gehölze. Die Blätter der Traubenheide *(Leucothoë walteri)* sind äußerst variabel. Im Austrieb bronze, verfärben sie sich anschließend glänzend dunkelgrün. Im Winter sind sie dann weinrot und purpurn, um sich im Frühjahr wieder in das Grün zu verwandeln.

Was manche mit ihrem Blattwerk bewirken, das zaubern andere mit ihren Zweigen. Vor allem strauchartige Hartriegel *(Cornus)* und Weiden *(Salix)* setzen sich im Winter wie von selbst ins Bild. Abgesehen, dass sie selbst anspruchslos sind, fordern sie für ihre Schönheit von dem Gärtner einen Preis. Sie haben grundsätzlich den Hang, sich auszubreiten, und alle paar Jahre verlangen sie einen Rückschnitt, weil die Zweige mit der Zeit borkig werden und nur der neue Austrieb seine meist rotflammende Schönheit zeigt. Das Angebot der vielen Sorten ist derart frappierend, dass man den Eindruck haben könnte, die Gentechnik würde bereits in den Farbtöpfen rühren. Beim Hartriegel waren bereits die Altbekannten *(Cornus alba, C. alba* 'Kesselringii', *C. alba*

Rechts Der Judasbaum, Blätter wie tränende Herzen, eine späte Reue?

'Sibirica', *C. alba* 'Spaethii' in ihren gestaffelten Rottönen oder *C. stolonifera* 'Flaviramea' in Gelb) eine winterliche Farbversuchung. Hinzugekommen sind viele andere wie *C. sanguinea* 'Midwinter Fire' in gelbroter Rindensprache. *Salix daphnoides* 'Aglaia' oder 'Praecox' oder *S. gracilistyla* 'Melanostachys' sprechen gleichzeitig für sich, für ihre Kätzchen und ihre Art für Weidenwinter. In mildem Klima harmonieren sie wunderbar mit Becherkätzchen *(Garrya elliptica oder G. issaquahensis)*. *Rubus cockburnianus* mit seiner blau-weiß bereiften, im Winter leuchtenden Rinde gibt darin ein perfektes Bild ab. Von den »Immergrünen« sind nicht wenige nicht nur immergrün in ihren Blättern und Nadeln, die Amerikanische Blau-Tanne *(Abies procera* 'Glauca') trägt Farbe auf den Nadeln oder Zapfen. Wenn man bei den Blättern nur an die sogenannten »Panaschierten« denkt, lässt sich schon leicht absehen, wie vielfarbig und vielfältig immergrüne Laubgehölze in Erscheinung treten können. Früchte tragen auch nicht nur die Eibe *(Taxus)*, die Stechpalme *(Ilex)*, der Zierapfel *(Malus)* in seiner gelb oder rot leuchtenden Ernte oder die Rose *(Rosa)* mit der Pracht der Farben und Formen ihrer Hagebutten. Das geht bis hin zu skurril fantastischen Gebilden wie etwa den Fruchtständen der Waldrebe *(Clematis*, namentlich *C. orientalis* 'Bill MacKenzie'). Ein ganzes Buch ließe sich über dieses Kapitel schreiben. Der Autor konnte nur neugierig machen auf das, was der Winter im Garten bieten kann.

Trotz all dieser Möglichkeiten sollte es nicht das Anliegen sein, dem Winter im Garten seinen Charakter zu nehmen. Der Winter drängt sich nicht auf. Er sollte deshalb nicht zum Malkasten werden. Um jeden Missklang zu vermeiden, machen wir es wie Tschaikowsky. Komponieren wir feinfühlig eine »Mozartiana« in den Schnee unseres Gartens!

Rechte Seite Besseres, als unter eine Schneedecke geschützt zu sein, können die Pflanzen vom Winter nicht erwarten.

Unten links Weidenkätzchen *(Salix)* tragen sichtbar eine Frühlingsbotschaft zur Schau.

Unten Magie im Garten. Eine Zaubernuss *(Hamamelis)* im Schneezauber.

Oben Im Namen aller Schutzheiligen der Pflanzen, keine Elche in den Gärten!
Linke Seite oben Mahonien *(Mahonia)* müsste im (Winter-)Garten viel mehr Platz eingeräumt werden.
Linke Seite unten Eine Zwergmispel *(Cotoneaster)*, winterlich umhüllt von Frauenmänteln *(Alchemilla)*.
Rechts Wer den Tieren seines Gartens, vor allem den Vögeln, Gutes tun will, der füttert nicht, sondern siedelt Pflanzen an, die Früchte tragen.

Oben Vielleicht kann sich der Winter manchmal nur selbst übertreffen.

Links Hagebutten sind ein würdiger Nachklang der Rosenblüten *(Rosa)* im Winter.

Unten Die Kolben des Essigbaums *(Rhus typhina)* sind ein Winterschutz für Insekten und gleichzeitig eine Wintertafel für Vögel.

Links Bäume im Schneeschmuck, und trotzdem kein bisschen eitel.
Rechte Seite oben Schneeschirme, eine vielversprechende Gartenmode: Doldenblütler *(Umbelliferae)*.
Rechte Seite unten Die Samenstände der Waldrebe *(Clematis)* brillieren bei Schnee oder Raureif durchaus auf dem Niveau der Blüten.
Unten Eine durch den Schnee gekrönte Zierapfelpracht *(Malus)*.

Etwas für Genießer

Genießen heißt, das Besondere für sich entdeckt zu haben. Dass dies durchaus auch aus dem Allgemeinen kommen kann, zeigt sich am Beispiel von Moos.

Moos bewegt die Gartengemüter in äußerst konträrer Weise. Entweder man hasst es oder man liebt es. Die meisten hassen es. In ihren Beeten. Vor allem in ihrem Rasen. Kein Wunder, dass sich alljährlich auf den Rasenflächen wahre Hassorgien der Gärtner abspielen, lässt doch Moos den Gräsern auf Dauer keine Chance. Zwar könnte es an sich anstelle der Grasschicht durchaus genauso makellose immergrüne Flächen bilden, auch wenn es bei zu starker Trockenheit und Sonne seine frischgrüne Farbe vorübergehend einbüßt. Da verhält es sich allerdings nicht viel anders als der Rasen. Dagegen spricht erstens, dass das, was sich zwischen unseren Gräsern breitmacht, nicht eine der Moosarten ist, für die wir uns sogar gärtnerisch erwärmen können. Zweitens ist leider ausgerechnet diese Moosart eine bevorzugte Tafel für Vögel wie die Amsel. In und unter ihrer lockeren, sich stetig vergrößernden Decke lebt nämlich eine Vielzahl von Klein- und Kleinstlebewesen. So ist der Tisch immer gedeckt. Zum Dank hinterlassen die Gäste regelmäßig ein kleines Bild der Verwüstung.

Weltweit kommen insgesamt etwa 15 000 Moosarten vor. In Deutschland sind es immerhin ungefähr 1 000. Im Mittelpunkt der Beschäftigung mit dieser Pflanze stehen gewöhnlich leider die den Rasen und die Beete unwillkommen bekriechenden Arten wie der sich namentlich eher kumpelhaft gebende Sparrige Runzelbruder *(Rhytidiadelphus squarrosus)*. In Wirklichkeit hilft er nur der chemischen Industrie. An feuchteren Stellen können auch Hornmoose *(Anthocerotopytha)*, Lappenartige Lebermoose *(Marchantiopsida)*, Beblätterte Lebermoose *(Jungermanniopytha)* und Laubmoose *(Bryopytha)* einen Gärtner zur Verzweiflung bringen, wenn sie die ganze Rasen- und Beetflächen tödlich mit sich ver-

Rechts Wer seine Schönheit nicht mehr tragen kann, fällt hässlich.

kleben. Demgegenüber gibt es eine Vielzahl von diesen Sporenpflanzen, die dem sensiblen Gärtner fast keine Chance lassen, sie, vielleicht sogar über alles, zu lieben. Einmal entdeckt, lässt einen ihre filigrane Vielfalt nicht mehr los. Man kann in ihnen kein Ende sehen, zumal sie sich irgendwann unserer Fantasie bemächtigen und uns mit sich forttragen. Wer sich Moosbeete baut, hat eine rätselhaft fremde Welt in Händen. Eine Seele, die sich im Moos verirren darf, kommt nicht freiwillig wieder. Der Gärtner, der eine Moosseele hat, schwebt über allem.

Von den unterschiedlichen Arten von Torfmoosen *(Sphagnum)* über Frauenhaarmoose (zum Beispiel *Polytrichum piliferum, P. formosum, P. juniperinum)* bis zu dem gemeinen, aber nicht minder anziehenden, sich ohne Weiteres auf Gestein und Dächern ansiedelnden Hornzahnmoos *(Ceratodon purpureus)* haben allesamt ihre Reize. Nur bei ihrer Ansiedlung empfiehlt es sich, sehr nüchtern vorzugehen. Zwar wachsen Moose grundsätzlich auf fast allen Untergründen wie Erde, Gestein, Holz, an trockenen wie feuchten Standorten oder sogar in oder unter Wasser. Eine vorherige Grundabstimmung ihrer Bedürfnisse ist jedoch unerlässlich. Es gibt inzwischen spezialisierte Anbieter von Moosen. Bei den Verwendungsmöglichkeiten steht man aber erst am Anfang. Immerhin ist man aber bereits so weit, beispielsweise ganze Grünstreifen auf den Autobahnen mit ihnen zu

Linke Seite Schneeglöckchen *(Galanthus)* mischen sich überall ein, ohne lästig zu werden.

Unten links und rechts Die Rinden der Bäume, das Leben, das sie anziehen oder das sich auf ihnen ansiedelt, bilden Landschaften, obwohl doch die Borken tot sind. Neben den Rindenfarben und Strukturen faszinieren vor allem Flechten und Moose.

bedecken, unter anderem auch, um den Feinstaub der Fahrzeuge zu absorbieren. Wo man Moos ansiedelt, muss man es jedoch immer schützen. Vor allem vor den Vögeln. Sogar im Innenbereich findet es inzwischen Verwendung. Am Ende ein Moosbett für die schönsten Träume?

Nüchtern zusammengefasst könnte man das Leben mit Moosen im Garten auch so charakterisieren: Wo man sie nicht haben will, siedeln sie unwiderstehlich von alleine. Wer sie haben will, muss heftig dafür kämpfen.

Vom Moos zu einem oft für Moos gehaltenen Gewächs, den Flechten. Sie sind ein aus je einer Pilz- und einer Algenart zu einem Doppelwesen vereinigtes Gebilde. Wie die Moose siedeln sie auf den verschiedenartigsten Untergründen. Auf Steinen und den Rinden der Bäume formen sie vor allem im Winter wundersame Inseln der Gärten. Auch auf ihnen siedeln nicht die Blicke der flüchtigen Betrachter. Wenn sich die Sonne in ihnen verspielt, werden sie zu Juwelen.

Oben *Selaginella kraussiana* 'Aurea' ist apart und so neugierig, dass sie bald überall auftaucht.

Bilder rechte Seite Moos kann man übersehen. Oder man kann davon gebannt sein. Das Moos erschließt sich aus der Nähe. Wer die Vorstellungskraft hat, sich zum Insekt zu denken, durchlebt in den Moosen die aufregendsten Landschaften, von dschungelartigen Verstrickungen bis zu einladenden Sonnenkissen.

Abbildungen S. 102/103
Links *Ton sur ton!* Eine überaus gelungene Kombination wie alles, was die Natur hervorbringt.
Oben Keine Angst, der Schlangenbart *(Ophiopogon)* ist für den Gärtner in keiner Weise gefährlich.
Unten Nicht Kraut und Rüben, stattdessen gebrochene Farnwedel, wahrscheinlich Straußenfarn *(Matteuccia struthiopteris)*.
Rechts Hinter solchen Fassaden schützt sich ein Heer von Spinnen und Insekten. Jedenfalls so lange, bis ein Baumläufer, Kleiber oder Specht vorbeikommt..

Die immergrünen Pflanzen

Immergrün klingt wie unvergänglich, ewiges Leben. Es hat aber auch etwas von unveränderlich oder sogar unabänderlich. Und das wiederum verträgt sich nicht mit der Abwechslung, die wir mögen. Da kann nur der Winter mit seinen Verkleidungen oder die Schere helfen. Jedenfalls sind die Immergrünen aber aus verschiedenen Gründen unverzichtbar.

Abwechslung durch Arten- und Sortenvielfalt

Ein Garten sollte immer das Ergebnis seiner Funktion und Einbettung in die Umgebung sein. Letzteres zeigt sich vor allem im Winter. Wenn die laubabwerfenden Gehölze den Blick freigeben, hat die Nachbarschaft ungehinderten Zutritt zu unserem Garten. Und wer hat schon eine Nachbarschaft, die er monatelang als Kulisse seines Gartens im besten Fall sogar genießen möchte? Im Regelfall stören zumindest Teile hiervon unser Empfinden für eine harmonische Umgebung. Da können unter den Pflanzen nur die immergrünen Gehölze helfen. Sie sorgen zumindest teilweise dafür, dass der unerwünschten Nachbarschaft der Zutritt im Winter optisch versagt bleibt.

Manche finden es auch unerträglich, wenn ihnen während mehrerer Monate das Grün im Garten als Zeichen des Lebens entzogen wird. Das kann, gepaart mit einem Ordnungssinn, der aus dem Haus kommt, so weit gehen, dass ein unveränderlich grünes Wohnzimmer entsteht, das außer dem eigenen Wachstum und einem unterschiedlich ausgeprägten Willen zur Blüte, die übrigen saisonalen Erscheinungsformen der Pflanzen leugnet. Natürlich behalten auch die Immergrünen ihre Blätter nicht ewig. Wenn sie diese abwerfen, ist dies normal und für ihre Lebensumstände auch nötig. Tatsächlich haben sie jedoch immer genügend davon, um sich damit über alle Jahreszeiten hinweg zu bedecken.

Die Immergrünen entfalten im Winter im Zusammenspiel mit Raureif, Eis und Schnee eine höchst sehenswerte Wirkung. Auch geben sie dem Garten nicht nur eine besondere Wirkung von Leben, sondern auch eine Struktur, gerade in dieser Jahreszeit. Namentlich in der Form von sorgfältig geschnittenen Hecken, Kugeln, im Englischen als Topiary bezeichneten

Rechte Seite »Höhere« Schnittkunst.

Seite 104/105 Das ist perfekte Schnittkunst und daher eine Augenweide. Der Winter leistet hierzu einen wohldosierten Beitrag.

Unten links Formschön wie ein Juwel gefasst und zu einer Gartenattraktion veredelt.

Unten Dies ist kein Garten zum Ausruhen. Die Pflanzen hören niemals auf, sich artspezifisch zu entfalten. Das über sie schnittweise verhängte Ordnungsprinzip verlangt deshalb ständig nach der Schere.

Oben Diese Art von Schneeball *(Viburnum tinus)* fürchtet sich vor den Frösten.
Unten Aukuben *(Aucuba japonica* 'Crotonifolia') bringen Abwechslung in die Szenerie der Immergrünen.

Formbäumen oder Formsträuchern oder auch als Bonsai, asiatisch mystifizierten Pflanzenwesen, erzeugen diese Arten eine hohe Wirkung. Im Allgemeinen wird sich wohl, schon um die Früchte aller Jahreszeiten ernten zu können und einer zumindest nicht zu leugnenden Gefahr von Langeweile vorzubeugen, eine Mischung aus den Immergrünen und den oberflächlich vergänglichen Pflanzen empfehlen. Aber wer wollte das schon allgemein ausgerechnet für den Garten entscheiden, wo dieser doch ein besonderer Ort der Individualität ist, in dem nichts ferner liegen sollte, als die Freiheit des Gärtners zu beschneiden.

Von den Immergrünen werden die Halbimmergrünen unterschieden. Letztere behalten zwar zumindest einen Teil ihrer Blätter über den Winter, werfen diese aber danach ab. Der Schneeball *(Viburnum × burkwoodii)* macht seinen Gärtner glauben, er könnte an der Menge der abgeworfenen Blätter ablesen, wie streng der Winter wird. Der Autor traut dem seinen immerhin mehr als Meteorologen.

Zu den immergrünen Gehölzen gehört die große Gruppe der Koniferen (Nadelhölzer) sowie die Rhododendren *(Rhododendron)*. Schon hieraus wird deutlich, wie umfassend das Sortiment ist, aus dem sich Gärtner diesbezüglich für ihre Zwecke bedienen können. Die Auswahl richtet sich nach dem Verwendungszweck, den Ansprüchen der Pflanzen und den Gegebenheiten des Standorts sowie dem Geschmack des Gärtners. Die aktuelle Nachfrage ist gekennzeichnet durch die Erscheinungsbilder einer begrenzten Zahl von Arten mit einer kaum noch übersehbaren Anzahl von Sorten. Diese werden in Massenproduktionen, oder soll man hier besser sagen »Modeproduktionen«, zu manchmal unglaublich anmutenden Niedrigpreisen erzeugt. Diese sind für viele allein schon der Anlass, sich diese Pflanzen zu kaufen. Die anderen sind die (noch) nicht entdeckten Juwelen, die deshalb für den fortgeschrittenen Gärtner einen großen Anreiz bieten.

Zu den seit Langem Begehrten gehört der Buchsbaum *(Buxus)* in Arten und Sorten. Bei ihm muss man sich heu-

Oben *Vinca minor* blüht in mehreren Farbvarianten als dichter, kaum krankheitsanfälliger, auch im Winter grüner Bodendecker.
Unten Hier steht *Aucuba japonica* 'Sulfurea marginata' für die Erfolge der Züchtung.

Oben Der Winter braucht eine Mode niemals zu ändern. Sein Design gilt für alle Zeiten.

Rechte Seite oben Ein Kompliment dem Gärtner! Der Winter hat seine Gestaltung angenommen und sich sein Wohnzimmer darin eingerichtet.

Rechte Seite unten Ach, hätten doch nicht so viele das Gefühl, diese ansehnliche Gestaltungsart bei sich umsetzen zu müssen! Die Idee leidet unter den Wiederholungen und schlechter Ausführung.

te fast eher fragen, in welchem Garten er nicht vorkommt. Darüber hinaus ist er sogar in vielen, vor allem formalen Gärten prägend. In manchen kann man sich schon nicht mehr vorstellen, wenn er nicht mehr da wäre. Ein zerstörerischer Pilz *(Cylindrocladium buxicola)* droht plötzlich ganze Gartenbilder zu zerstören. Als ob das nicht schon mehr als genug wäre, taucht jetzt auch noch der Buchsbaumzünsler *(Cydalima perspectalis)* auf. Nicht nur Gärten, ganze Landschaften sind gefährdet. Und wer sich einen Rhododendron für seinen Garten aussucht, weiß der heute noch genau, ob er sich damit nicht gefährliche, ganze Gartenböden verseuchende Pilze wie *Phytophtora* und *Pythium* einschleppt, für die es noch keine Fungizide gibt? Ist dies alles eine Frage nachlassender Resistenz der in Massenproduktionen erzeugten Pflanzen? Dann wäre der niedrige Einstandspreis am Ende ein bei Weitem zu hoher, und die Frage, wann weitere Massen-»Produkte« wie beispielsweise der Kirschlorbeer *(Prunus laurocerasus)* befallen werden, unausweichlich.

Wir brauchen diese zum größten Teil sehr ansehnlichen Pflanzen zweifellos, aber wenn wir nicht aufpassen, passiert in unseren Gärten das Gleiche, wie in den von Monokultur teilweise zerstörten Wäldern. Verlassen wir den Schatten, den Immergrüne werfen können, und befassen uns andeutungsweise mit immergrünen Gehölzen, die darauf warten, im Garten stärker Verwendung zu finden. Da gibt es beispielsweise die noch viel zu selten gepflanzte Aukube *(Aucuba japonica)*. Sie wird zwei bis drei Meter hoch und breit, zeigt in einer größeren Zahl von Sorten blatt- und fruchtschöne Besonderheiten, ist bei Weitem nicht so frostempfindlich, wie ihr allgemein unterstellt wird, und nimmt auch direkte Sonne weniger übel, als es Kataloge von ihr behaupten. Sie deckt genauso ab wie die durch den Masseneinsatz zu den gewöhnlichen Pflanzen Degradierten, und sie hat es eigentlich gar nicht nötig, nur zu verstecken oder sogar sich selbst zu verstecken. Auch die Mahonien *(Mahonia,* zum Beispiel *M. aquifolium, M. bealei, M. japonica)* warten mit Winterblüten, aber auch sehr attraktiven Blättern auf bis zu drei Metern Höhe darauf, mehr Eingang in unsere Gärten zu finden. Was muss man mehr bieten als ein schönes, immergrünes Blatt: einen zum Teil flammendfarbigen Austrieb und eine reiche Blüte? Wer hat da mehr zu präsentieren als die Lavendelheide *(Pieris japonica)*?

Oben Trägt sie ihren Namen nicht zu Recht, die Elfenblume *(Epimedium)?*
Rechts In der Natur ist alles ersetzbar. Wie man sieht, selbst die Bäume. Auch wenn ihr Platz bisweilen nur für das Vergessen überrankt wird.
Unten Am Ende des Winters haben sich die Stauden über der Erde selbst verleugnet. Die Gehölze erhalten uns dann den Charakter des Gartens.

Oben links und rechts Das Angebot an Farnen ist wahrlich reichhaltig. Und dennoch bleibt immer die Sehnsucht nach dem Baumfarn. Lassen wir es dabei bewenden! Wer sich wie hier etwa von dem »Wooly Tree Fern« *(Dicksonia antarctica)* verführen lässt, sollte nicht einmal auf die Botanik bauen. Er ist nämlich alles andere als »antarktisch«.

Links Sam Arnott kann stolz sein auf »sein« Schneeglöckchen *(Galanthus)!*

Rechte Seite Am richtigen Platz kann fast jede Pflanze eine Hauptrolle spielen.

Vielleicht der bei uns nur bis drei Meter hoch wachsende Berglorbeer *(Kalmia angustifolia)* mit seinen dunkelgrünen Blättern und uns im Sommer faszinierenden Blüten? Es muss auch nicht immer Efeu *(Hedera)* sein, der sich bei uns immergrün hochrankt und leider in manchen Regionen inzwischen massiv von Schildlauskolonien *(Aspidiotus sp.)* befallen wird. Das Geißblatt *(Lonicera henryi)* kann dies abwechslungsreich genauso. Die Ölweide *(Eleagnus × ebbingei)* steht mit ihren großen, an der Unterseite silbrigen Blättern als stattlicher Strauch (am besten) für sich. Interessant ist hier auch die ein bis zwei Meter hohe *E. pungens* 'Maculata'. Und wer glaubt, sich bei den Stechpalmen *(Ilex)* auszukennen, der sehe sich doch einmal bei *I. ciliospinosa* oder den immer wieder neuen Sorten von *I. meserveae* oder *I. crenata* um. Er wird am Ende Schwierigkeiten haben, sich zu entscheiden. Spricht für *Sarcococca* (Fleischbeere) nicht

schon der exotische Name? Dazu wirkt sie sehr apart mit fast nur einer Andeutung federartiger Blüten (zum Beispiel *S. humilis)*. Neben vielen anderen Spezies bietet sich auch Strauchveronika (*Hebe*) in vielen Variationen dem Garten im Winter an. Und wer sich an Rosen nicht sattsehen kann, dem grünen sie sogar im Winter. Die Ramblerrose 'Félicité et Perpétue' behält im Garten des Autors bis zu der stattlichen Höhe von zirka acht Metern zuverlässig zumindest einen größeren Teil ihres Blattwerks, wenn die Temperaturen −10° C nicht unterschreiten. Wer sucht, findet auf diese Weise seinen besonderen Wintergarten. Die eine oder andere Art mag sich mancherorts mit den Witterungsverhältnissen schwertun, aber wer nicht experimentiert, wer nichts wagt, wird in seinem Garten nichts Besonderes erreichen.

Vielleicht wird er bei seiner Suche auch bei dem Johanniskraut *(Hypericum)* fündig. Dann stößt er auch auf die Stauden, denn von der Vielzahl von dessen Arten sind die meisten Stauden. Natürlich gibt es auch immergrüne Stauden, die dem winterlichen Garten guttun. Das Immergrün *(Vinca minor)* verknüpft sich in verschiedenen Sorten problemlos zu großen und nicht nur in hellblauen, dunkelblauen, violettblauen, purpurroten oder weißen Blüten anschaulichen Teppichen. Ysander *(Pachysandra terminalis)* kann sogar zu einem Feind werden. Bei beiden Arten ist größte Vorsicht geboten, weil auch das aparte Immergrün dazu neigt, sich zu einem lückenlosen immergrünen Gartenteppich zu verknüpfen. Eine Reihe von Farnen bleibt »wintergrün«: der Rippenfarn *(Blechnum novae-zelandiae; B. spicant)*; der Wurmfarn *(Dryopteris affinis; D. affinis 'Cristata'; D. cycadina; D. dilatata; D. wallichiana)*; der Schildfarn (*Polystichum setiferum* 'Herrenhausen'; *P. setiferum* 'Proliferum'; *P. setiferum* 'Pulcherrimum Bevis'; *P. setiferum* 'Wollastonii'); der Tüpfelfarn *(Polypodium vulgare)*; die kleine Steinfeder *(Asplenium trichomanes)*. Dies

Oben Der Winter macht Vergangenes auf seine Weise lebendig.
Linke Seite Eine Artischocke *(Cynara cardunculus)*, hübsch angerichtet und anschließend vom Winter verspeist.
Rechts Schlafmützengestaltung. Eine Spezies, auf die der Winter ein Patent hat.

Oben Biegsam, beugsam, in vielem bewunderungswürdig beachtlich: Bambus. Nur eines nicht, unterwürfig.
Unten Die Zwergpalme *(Chamaerops humilis)*. Bis vielleicht der große Klimawandel kommt, müssen wir uns gedulden oder die Palmen mehr oder weniger schützen.
Rechte Seite oben Ein Bild, mit dem beide Seiten zufrieden sein können. Der farbstolze Mangold *(Beta vulgaris)* und der Winter, der die Patina besorgt hat.
Rechte Seite unten Dank dem Wintergemüse! Es gibt dem Winter seinen typischen Geschmack, und mit Raureif überzogen, macht es sich fast zu schade, um gegessen zu werden.

gilt auch für viele Blattstauden wie Storchschnabel *(Geranium)*, Euphorbien *(Euphorbia)*, Elfenblumen *(Epimedium)* oder Alpenveilchen *(Cyclamen hederifolium)*. Und wer legt sich die Mooslandschaft an mit immergrünen Polstern für die Gärtnerseele? Sie sind der Seelengärtner des Winters. Wie viele Stauden ließen sich aufzählen, um dem Garten im Winter sichtbar grünes Leben zu geben? Die Haselwurz *(Asarum europaeum* oder *A. canadense)*? Die Fetthenne (etwa *Sedum hybridum* 'Immergrünchen'), den Steinbrech *(Saxifraga)*, die auch gegen Wintergeister taugliche Haus-, Dach- und Donnerwurz *(Sempervivum*, der lateinische Name sagt alles!)? Vergessen wir auch nicht etwas übersehbar Selbstverständliches: den »Zierrasen«, das Gras, das wir so kurz halten, dass es sich uns zwar gesichtslos, dafür aber immer gleich grün zeigt.

Der Bambus ist etwas in Verruf gekommen, nachdem er ausläufertreibend seine Freiheit allzu sehr ausgenutzt und mit seinem unbändigen Freiheitswillen sogar Hindernisse überwunden und Mauern gesprengt hat. *Fargesia* hält sich da klug zurück. Daher bleibt sie ein schönes Thema für den winterlichen Garten. Das ist das Wintergemüse schon immer gewesen. Wer sich nicht von dem Gedanken löst, dass Essbares nicht in den »Ziergarten« gehört, der entdeckt in dem winterlichen Gemüse auch die Augenweide. Stellvertretend hier in dem unergründlich blattverquirlten Grünkohl *(Brassica oleracea* var. *sabellica)*. Zu seiner höchsten Form läuft dieser erst bei Raureif auf, womit er sich gleichzeitig einer unerlässlichen Geschmacksübung für unseren Gaumen entledigt.

Neuerdings darf es in unserem winterlichen Garten sogar exotisch zugehen. Einige Palmen trotzen den winterlichen Temperaturen. Jedenfalls bis zu einem gewissen Grade, der ohne weitere Hilfsmaßnahmen konservativ bei etwa –7 °C anzusetzen sein dürfte. Unter diesen Umständen wäre beispielsweise die Hanfpalme *(Trachycarpus fortunei)* nicht gefährdet. Aber fühlt sich die aus China und Japan stammende »Windmill Palm« bei uns auch noch wirklich wohl, ohne dass man ihr die Sehnsucht nach den Subtropen ansieht?

Die geraubten und die geschenkten Blüten

Der Winter, der schnell kommt oder spät geht, erntet, was ihm eigentlich nicht zusteht. Er nimmt sich die Früchte, die eigentlich anderen Jahreszeiten, dem Herbst und dem Frühling, gehören. Für die meisten Blüten bedeutet das kein gutes Ende.

Dramen mit unterschiedlichem Ausgang

Wenn sich der Frost einer Blüte annimmt, muss sie im Normalfall schon dafür geschaffen sein, ihm widerstehen zu können. Die Blüten, die er sich außerhalb seiner Herrschaft nimmt, geraten in eine Abhängigkeit, die erst mit dem Tode endet. Aber dann ist es manchmal dafür ein durch den Frost geradezu glorifiziertes Ende. Nehmen wir die Blüte einer Rose *(Rosa)*. Ihre gefrorene Distanz wirkt schlicht unwiderstehlich. Der Höhepunkt ihres künstlichen Lebens dauert so lange, wie der Frost anhält. Danach sieht die Blüte allerdings auch aus wie ein Opfer.

Auch wenn man sich ihm als Geschenk darbietet, kann man nicht unbedingt auf die Gnade oder sogar Dankbarkeit des Winters hoffen. Dennoch gibt es immer wieder überraschend Blüten, die ihre Zeit nicht erwarten können. Sie blühen wider alle Vernunft mitten im Winter. Man bangt um sie. Sie werden bewundert wie Rosenköniginnen oder Magnolienmajestäten. Dabei sind sie oft so unscheinbar, dass sie ursprünglich nur für die Wirkung in der Masse stehen: eine einzige kleine Blüte eines Immergrüns *(Vinca minor)*, der kaum wahrnehmbare Sonnenstrahl einer vorschnellen Forsythienblüte *(Forsythia)*, bis hin zu einem vereinzelten Gänseblümchen *(Bellis perennis)*. Es konnte der Fürsorge für den Rasen entkommen. Jetzt sendet es, verirrt in der Masse unzähliger anonymer Grashalme, Hilferufe aus, um den Gärtner mit der Unschuld seiner kleinen Blüte vielleicht doch noch zu erweichen.

Rechte Seite Auch sein Eisenhut *(Aconitum)* hilft ihm nicht gegen den Winter.

Seite 120/121 Schlüsselblumenhochzeit *(Primula veris)* im Schnee. Wer möchte da nicht zu den Eingeladenen gehören?

Unten links und rechts Die Blüten der Kamelie *(Camellia japonica)* sind schön (und im Winter oft heikel). Wer kennt noch ihre Namen?

Die Lieblingspflanzen bekannter Gärtnerinnen und Gärtner

Für welche Pflanzen soll man sich bei der Vielzahl des heute Angebotenen entscheiden? Einerseits erweisen sich dabei die verschiedenen Sichtungsmethoden als äußerst verdienstvoll. Andererseits, was den Typus der Pflanzen oder Bepflanzung angeht, können oft auch bekannte Gärtnerinnen und Gärtner als Vorbild dienen.

Gloria hortensis!

Gleichgültig, was in der Welt der Gärten Bemerkenswertes geschieht, letztlich bleibt der Blick doch auf die Vertreter der englischen Szene fixiert. Das kommt daher, dass die geradezu ehrwürdige englische Tradition mit dem Ausweis nicht aufzählbarer anziehender Gärten niemals etwas von ihrer Faszination verlieren wird. Fragen wir darum direkt in das Paradies hinein!

Beth Chatto verkennt keineswegs den Gartenwert der allgemeinen Favoriten wie Nieswurz und Schneeglöckchen *(Helleborus* und *Galanthus* in Arten und Sorten). »Meine besondere Vorliebe gilt jedoch den Stauden mit attraktivem Winterlaub (wie *Arum italicum* subsp. *italicum* 'Marmoratum', *Bergenia* in Arten und Sorten, *Euphorbia, Tellima, Pulmonaria* und die Gräser und grasähnlichen Stauden wie *Hakonechloa macra* 'Aureola' und *Miscanthus sinensis* 'Gold Bar')«.

Linke Seite Ein stiller Mittelpunkt sind sie, die alten, sich moosbedeckt langsam selbst dem Verfall überlassenden Holzbänke, auf denen nur Platz ist für tiefgründige Gedanken.
Rechts Lungenkraut *(Pulmonaria)*, Traubenhyazinthen *(Muscari)* und Vergissmeinnicht *(Myosotis)* vertragen sich hier gut miteinander.
Seite 124/125 Die Einzeldarsteller aufzuzählen, würde den Gesamteindruck dieses wunderbaren Winterstücks nur zerstückeln.
Unten Zurückhaltung ist eine der besten Voraussetzungen für Integration. Darin ist unser Schneeglöckchen *(Galanthus)* ein Meister.

Roy Lancaster hat eine ganz feste Vorstellung: »Meinen idealen Wintergarten stelle ich mir so vor:

a) ein hübsches immergrünes Gewächs *(Ilex × koehneana* 'Chestnut Leaf' mit grünen Blättern und roten Früchten oder *I. aquifolium* 'Handsworth New Silver' mit silber umrandeten Blättern und roten Früchten),

b) einen Baum mit attraktiver Rinde *(Betula jacquemontii* 'Grayswood Ghost' mit weißer Rinde und langen Kätzchen oder *Acer* 'White Tigress' mit grüner Rinde und silberner Riefung),

c) einen blühenden Strauch *(Hamamelis × intermedia* 'Pallida' mit schwefelgelben, spinnenartigen Blüten oder *Daphne bholua* 'Jacqueline Postill', ein immergrüner oder halbimmergrüner Strauch mit lieblich duftenden, purpurn gesprenkelten weißen Blüten).«

Links Im Gegensatz zu einem ausgedienten Regenschirm bleibt ein verbrauchter Sonnenhut *(Echinacea purpurea* `Magnus') anschaulich bis in den Winter.

Rechte Seite oben Warum die Fantasie des Betrachters mit Worten einengen? Alles spricht für sich.

Rechte Seite unten Eine Kolonie von Sonnenhüten *(Rudbeckia fulgida* var. *deamii)* hofft noch, ein bisschen Wintersonne zu empfangen.

Unten Eine gloriose Verabschiedung der Samen.

Oben Mit den Pflanzen wächst im Garten auch die Erfahrung. Im glücklichsten Fall wächst sie sich zur Intuition aus für die endgültige Symbiose des Gärtners mit seinen Pflanzen. Aus ihr entstehen Bilder wie dieses Bouquet aus Anemonen *(Anemone blanda)*, Lungenkraut *(Pulmonaria)*, Schneeglanz *(Chionodoxa luciliae)* und Lerchensporn *(Corydalis)*.

Bilder linke Seite Gelb ist keine Farbe für jeden. Aber wenn sie zurückhaltend auftritt, sollte man ihr vielleicht doch einmal nähertreten. **Oben** Japanischer Papierbusch *(Edgeworthia chrysanthea)*, **links** Scheinhasel *(Corylopsis veitschiana)*, **rechts** Hartriegel (*Cornus officinalis*).

Fern Alder sieht den Winter eher philosophisch: »Das wesentliche Charakteristikum der Gärten über die Wintermonate lässt sich mit dem Theater vergleichen. Die Änderung des Maßstabs und die starke Betonung der entblätterten Pflanzen haben dramatische Wirkungen, die in nichts mit dem Sommergarten zu vergleichen sind, in dem das Auge vor allem durch die Farben und Myriaden von Texturen gefangen wird. Die Strukturen, Ebenen und Grenzen werden zu den Hauptmerkmalen des Gartens wie zu keiner anderen Zeit. Der schlafende Garten ist ein ruhiger und magischer Platz. Meine Lieblingspflanzen sind solche, die die Eintönigkeit des Winters erhellen wie die goldenen, sternförmigen Blüten von *Jasminum nudiflorum*, die liebenswerten kleinen *Iris-unguicularis*-Varietäten und natürlich den stärksten aller Winterdüfte von *Daphne bholua* 'Jacqueline Postill'.«

Wie man sich den winterlichen Garten ins Haus holt

Im Winter zieht sich der Mensch in sein Haus zurück. Der Garten ist während dieser Zeit vielerorts eine Welt, die niemanden einlädt. Das kann so sein. Es muss jedoch nicht so sein, weil es Brücken gibt, welche die Verbindung über die Jahreszeit erhalten.

We Don't Make Mistakes
We Do Variations

Garten und Haus, eine feste Verbindung

Es gibt zwei Wege, sich im Winter den Garten ins Haus zu holen: durch eine Tür oder durch die Fenster. Durch die Tür holt sich der Gärtner, womit er sich in seinen Räumen umgeben möchte. Früchte oder Gemüse für die Küche, Blütenzweige für die Vase, immergrüne Zweige für Gebinde oder Kränze, vielleicht sogar den Weihnachtsbaum aus dem eigenen Garten. Wenn er ein listiger Gärtner ist, hängt er sich im Dezember Mistelzweige *(Viscum album)* auf. »Kiss me quick!« kann selbst einen Gärtner vorübergehend durchaus zu einem ganz normalen Menschen werden lassen.

Was sich der Blick durch die Fenster holt, sollte im Garten so platziert sein, dass es auch bequem einsehbar ist. Was nutzt das Schneeglöckchen *(Galanthus)* in einem entfernten Gartenwinkel oder die Zaubernuss *(Hamamelis)*, welche ihre verwunschenen Blüten irgendwo »im Gebüsch« fast vor sich selbst verstecken muss?

Der Winter ist auch die Zeit der Tiere. Sie zeigen sich häufiger und deutlicher. Und sie werden vertrauter, vor allem die Vögel. Wer sie füttert, macht sich verdient und hat dabei noch eine perfekte natürlich Unterhaltung. Da fällt es zuweilen schwer, seinen Egoismus dem Naturgesetz unterzuordnen, denn überleben und fortpflanzen sollen sich nun einmal nur die Stärksten. Auch die Zugvögel werden dankbar sein, im Frühjahr auf weniger Wettbewerber zu treffen, haben sie es doch ohnehin viel schwerer.

Linke Seite Irgendwann gestalten sie sich selbst, die vergessenen Ecken.

Seite 132/133 *We don't make mistakes. We do variations!* Welch wunderbare Excuse für uns Gärtner!

Seite 136/137 Eine Idylle ändert sich nicht in den Jahreszeiten. Sie wechselt nur ihre Stimmung.

Unten Zaubernuss *(Hamamelis)*, Zauberwerk! Und wenn schon!

Der Gärtner im Winter

Der Gärtner, den der Winter arbeitslos macht, ist nicht zu beneiden. Genauso wenig der Gärtner, der sich in dieser Jahreszeit von einer großen Last befreit fühlt. Es gehört zu dem Schwierigsten, im Garten eine Balance zu erreichen. Das zeigt sich gerade auch im Winter.

Typologie der Gärtner

Es gibt zwei Grundtypen von Gärtnern im Winter. Der eine ruht wie im Winterschlaf in sich selbst und in seinem Garten. Im Allgemeinen sieht er während dieser Jahreszeit keinen Grund, sich gärtnerisch aktiv mit seinen Pflanzen zu verbinden. Natürlich ist er sofort zur Stelle, wenn sie ihn brauchen, wie etwa bei einem drohenden Schneebruch oder wenn die immergrünen Pflanzen dringend Wasser brauchen. Im besten Fall hat dieser Gärtner sie grundsätzlich so ausgewählt, dass sie dem Klima ohne Weiteres gewachsen sind. Oder er hat ihnen zumindest vorsorglich im Herbst eine Winterkleidung verpasst, welche die Temperaturschwäche ausgleicht. Auch seine sonstigen Vorarbeiten für den Winter hat er im Prinzip bereits im Herbst beendet. Das vielleicht sogar sichtbar Vergessene soll gefälligst bis zum Frühjahr warten. Und wenn dann doch etwas passieren sollte, was fast immer der Fall ist, dann akzeptiert er es als die natürliche Auslese. Sie folgt dem Prinzip, dass nur die Stärksten überleben und sich fortpflanzen dürfen. Zudem macht sie den Gärtner klüger. Nicht zuletzt verschafft sie ihm auch neue Freiräume in seinem Garten. Vergangenes schafft immer Platz für Neues, für eine neue Gestaltung mit anderen Pflanzen. Diese nimmt den passionierten Gärtner bald mehr in Anspruch, als er noch Zeit hätte, den Verlust zu betrauern.

Das heißt nicht, dass sich dieser Gärtner, abgesehen von den nicht planbaren spontanen Engriffen, selbst verschrieben hat, vollkommen inaktiv die kalte Jahreszeit in seinem Hause zu verbringen. Es stehen immer Arbeiten an, vor allem auch solche, für die während der anderen Jahreszeiten kein Platz war. Wege verlegen, umtopfen, gelegentlich hier oder da ein paar Unkräuter rupfen, die sich hinter der Üppigkeit

der Prachtzeiten verstecken konnten, den Zierrasen vom Laub frei halten und dergleichen. Die Entsorgung rechtfertigt sich darüber hinaus für ihn nur vor dem Hintergrund, dass möglichst viel dem natürlichen Zersetzungsprozess überlassen wird. Daneben will er der Natur einen beachtlichen optischen Nebeneffekt nicht nehmen: Sie zaubert auch noch aus scheinbar hoffnungslosem Durcheinander. Die Glorie des Triumphs neuen Lebens wird dabei sogar umso größer, wenn es sich im Frühjahr sichtbar durch das Vergangene durchkämpft. Jedenfalls tritt der Gärtner bei diesen Tätigkeiten seinen Pflanzen nicht zu nahe. Er wirkt nicht ruhestörend, weil er sich nicht wie der Hauptdarsteller auf seiner Bühne aufführt. Hiervon gibt es eigentlich nur die Ausnahme der nach der Auffassung des Autors im Winter einzig zulässigen Art des Gehölzschnitts. Im Kapitel über die Wirkung der Rinden und Strukturen sprachen wir schon darüber.

Ansonsten hat dieser Gärtnertypus allen Grund, sich während der Winterzeit ruhig und gelassen zurückzulehnen. Falls er den malerischen »Wintergarten« für sich eingerichtet hat, diesen entspannt wie im Kino aus einer gewissen Distanz zu beobachten. Und diese Distanz ist es, die ihm im Winter den besonderen Blick frei gibt. Den Blick in die Vergangenheit und den Blick in die Zukunft. Aus den vergangenen Jahreszeiten lassen sich Schlüsse ziehen, die bis in die Zukunft reichen. Und in die Zukunft zu planen, verbindet sich mit Vorfreude. Eine besondere Vorfreude, die sich mit dem Erlebnis des Vergangenen und der allgemeinen Erwartung des Frühlings verbindet. Träume, die einen Inhalt suchen, finden ihn in diesem Rahmen reichlich. Dieser Typ von Gärtner braucht zur Winterzeit sein Glück nicht zu suchen. Es fällt ihm im Traum zu.

Linke Seite Das Pflanzendach ist licht geworden. Jetzt zeichnet es verschlungene Strukturen gegen den Himmel.

Seite 138/139 Aus ihren Schnittknoten spreizen die Bäume Schneefinger in den Winterhimmel. Gärtnerstolz und Eingriffswillkür halten sich die Waage.

Unten Es fehlt auf dieser Bank eigentlich nur der schneegepuderte Gärtner, der im Frühjahr mit seinen Pflanzen wieder aufwacht.

Oben Der Schnee gibt diesen Steinen noch mehr Gewicht.
Rechte Seite Es kommt der Zeitpunkt, da können selbst Gartengeräte den Frühling nicht mehr erwarten.
Unten Chinaschilf *(Miscanthus sinensis)*. Aus dem Chaos entsteht das neue Leben.

Der Gegentyp zu ihm hat es da wesentlich schwerer. Dessen Hauptproblem liegt darin, dass er auch im Winter nicht loslässt. Es treibt ihn ständig hinaus in seinen Garten. Dort entdeckt er immer wieder etwas, was angeblich unbedingt unmittelbar noch von ihm erledigt werden muss. Da alle, die sich jemals mit einem Garten beschäftigt haben, wissen, dass darin »immer etwas zu tun ist«, macht sich dieser Gärtnertyp zum Winterklaven seines eigenen Gartens. Er friert sich darin in der Kälte mit seinen Pflanzen solidarisch, bis er das Gefühl hat, er sei für sie auch im Winter tagtäglich unentbehrlich. Dieser Gärtner findet im Winter bestimmt nicht die Ruhe, die er eigentlich genauso braucht wie die Pflanzen. Woher soll bei ihm auch die Distanz kommen, welche einzig die Dinge vorantreibt, von den schönen Winterträumen ganz zu schweigen. Das hat auch überhaupt nichts mit Fleiß zu tun. Wer fleißig sein will, tut dies am Ende des Herbsts oder zu Beginn des kommenden Frühjahrs. Ein »fauler« Gärtner bekommt insoweit den Pflanzen besser als die personifizierte Hektik. Da wir uns im Grunde alle, gelegentliche Gartensünden inbegriffen, denn diese verzeiht die Natur auch im Winter, zu der ersten Kategorie zählen, ist dieser Punkt hier glücklicherweise nur theoretisch.

Standorte und Bildnachweis

Gärten

Arboretum Kalmthout (B): Seite 32 o., 69
Heiderose Birkenstock (D): Seite 2/3, 30
Reinhold Borsch (D): Seite 118 o.
De Hagenhof (NL): Seite 22, 106 u. re., 107, 136/137
De Heerenhof (NL): Seite 46, 138/139
De Kempenhof (NL): Seite 16/17, 47 u.
De Tintelhof (NL): Seite 111 u., 140, 141
De Wiersse (NL): Seite 19, 74, 106 u. li.
Grugapark Essen (D): Seite 89 u. re., 91 u.
Elisabeth Imig/Silke Imig-Gerold (D): Seite 27, 94 u., 111 o., 117 u.
Peter Janke (D): Titelfoto; Seite 8, 9, 12/13, 14, 15, 18, 20/21, 23, 24/25, 28/29, 34, 38, 39, 40, 41, 47 o., 58, 59, 60, 72 u.re., 74/75, 85, 89, 91 o., 94 o., 96/97, 98, 100, 112/113, 114, 115, 118 u., 120/121, 124/125, 126, 127 li., 132/133, 134, 142 u., 143
Japangarten Bayer Leverkusen (D): Seite 31, 70/71
Kasteel Bingerden (NL): Seite 104/105
Anja und Piet Oudolf (NL): Seite 6/7, 10/11, 36/37, 42/43, 44, 72 u. li., 82, 84, 95
Piet Oudolf Gartendesign (NL): Seite 35
Oirlicher Blumengarten (D): Seite 19 u., 50, 51, 52
Geke Rook (NL): Seite 127
Schlosspark Benrath (D): Seite 93 o.
Claus Schulz (D): Seite 26 u. li., 55, 62/63, 79 li., 80 li., 101 u., 108 o., 109 o., 115
Van Steeg (NL): Seite 92/93

Fotos

Jörg Eggert: Seite 68 u.
Wilhelm Koch: Seite 26 u. li., 109 o.
Marianne Majerus: Seite 56/57

Alle anderen Fotos: Jürgen Becker

MIX
Papier aus verantwortungsvollen Quellen
FSC® C084279
www.fsc.org

Impressum

Verlagsgruppe Random House FSC® N001967
Das für dieses Buch verwendete FSC®-zertifizierte Papier *Profisilk* liefert *Sappi,* Alsfeld.

1. Auflage

Satz und Layout: Anna Jansen, Büro 18, Friedberg (Bay.)
Lithografie: Helio Repro, München
Druck und Bindung: Print Consult, München
Printed in the Czech Republic

ISBN 978-3-421-03954-5

www.dva.de